Viechtbauer · Geschichte

Die Geistesgeschichte und ihre Methoden
Quellen und Forschungen

Herausgegeben von Stephan Otto

Münchner Universitätsschriften
Institut für Geistesgeschichte des Humanismus

Band 1 · 1977

Helmut Viechtbauer

Transzendentale Einsicht und Theorie der Geschichte

Überlegungen zu G. Vicos
"Liber metaphysicus"

1977

Wilhelm Fink Verlag München

ISBN 3-7705-1433-5

© 1977 Wilhelm Fink Verlag, München
Satz und Druck: Vereinigte Kunstanstalten, Kaufbeuren
Buchbindearbeiten: Endres, München

Gedruckt mit Unterstützung aus den Mitteln der Münchner Universitätsschriften

VORWORT DES HERAUSGEBERS

Ein wissenschaftliches Unternehmen, das der Geistesgeschichte und ihrer Methode gewidmet ist, bedarf in besonderer Weise der erklärenden Begründung und Zielsetzung. Das Wort "Geistesgeschichte" ist ja der totalen Inflationierung anheimgefallen, es scheint eher die Beliebigkeit von Forschungsinteressen als eine ernst zu nehmende wissenschaftliche Disziplin zu bezeichnen. Man könnte meinen, das Adjektiv "geistesgeschichtlich" konnotiere geradezu Unverbindlichkeit und Mangel an Methodizität. Dieses unbestreitbare Defizit der "Geistesgeschichte" ist aber sachlich das bis heute noch nicht erfüllte Desiderat einer die geistesgeschichtliche Forschung methodisch leitenden "Kritik der historischen Vernunft". Wilhelm Diltheys Versuche, das geistesgeschichtliche Verstehen auf ein überzeugendes erkenntnistheoretisches Fundament zu stellen, zielten bekanntlich auf eine solche Kritik; sie schlugen gleichwohl fehl, weil es Dilthey nicht gelang, den Primat der verstehenden Subjektivität vor der "Totalität des Geistes und der Universalgeschichte" (Ges. Schriften VII, 191) gnoseologisch zu begründen. Wenn eine methodologische Fundierung geistesgeschichtlicher Forschung geleistet werden soll, dann wird eine Kritik der historischen Vernunft erarbeitet werden müssen, die nicht mehr mit den Schwächen und Inkonsequenzen der Dilthey'schen Entwürfe belastet ist. Zugleich wird gezeigt werden müssen, daß "Geistesgeschichte" in erster Linie eine philosophische Disziplin ist, nicht nur ein hermeneutischer Überbau über der Philologie oder der Geschichtswissenschaft. Unabdingbar notwendig wird auch eine Grenzziehung zwischen Geistesgeschichte und Philosophiegeschichte sein, denn im Unterschied zur darstellenden Philosophiegeschichtsschreibung besteht geistesgeschichtliche Forschung in der Aufdeckung von Gedankenstrukturen, die als solche nicht schon auf der Ebene des philosophiegeschichtlich Darstellbaren liegen. Ernst Cassirer hat das, was ich den "konstruktiven" Charakter geistesgeschichtlichen Verstehens nennen möchte, treffend beschrieben: "Wenn irgendwo, so wird es in der Geistesgeschichte deutlich, daß ihr Inhalt und Zusammenhang nicht gegeben, sondern von uns aufgrund der Einzeltatsachen erst zu erschaffen ist: Sie i s t nur das, was wir kraft gedanklicher Synthesen aus ihr m a c h e n" (Das Erkenntnisproblem in der Philosophie und Wissenschaft der neueren Zeit I, [3]Berlin 1922, 15). Auch als konstruktive Strukturforschung bleibt Geistesgeschichte freilich nicht in das subjektive Belieben gestellt; die Rückbindung an Fakten, Daten und Texte ist im Vollzug der Strukturanalyse immer aufs Neue zu sichern, gemäß dem Axiom Vicos: "Die Philosophie betrachtet die Vernunft, und daraus entsteht die Wissenschaft des Wahren; die Philologie beobachtet, was die menschliche Willkür als Gesetz aufgestellt hat, und daraus entsteht das

Bewußtsein von dem, was gewiß ist. Dieser Grundsatz beweist, daß auf halbem Wege stehengeblieben sind einerseits die Philosophen, die ihre Vernunftschlüsse nicht durch die Autorität der Philologen erhärteten, andererseits die Philologen, die nicht dafür sorgten, die Überlieferungen durch die Vernunft der Philosophen zu prüfen." (Neue Wissenschaft, 1. Buch 2. Abteilung: Von den Elementen, Element 10).

Die mit dem vorliegenden Band begonnene Bücherreihe zur Geistesgeschichte und ihrer Methode verfolgt eine dezidiert philosophische Absicht. Es ist die Absicht – um mit Theodor W. Adorno zu sprechen – "nicht länger mit dem Hauptstrom der neueren Philosophie mitzuschwimmen", jener neueren Philosophie nämlich, die "die traditionalen Momente des Denkens ausscheiden", die das Denken "dem eigenen Gehalt nach enthistorisieren" möchte (Th. W. Adorno, Negative Dialektik, Frankfurt/Main 1966, 61). Der Traditionsverlust der deutschen Universitätsphilosophie hat ein erschreckendes Ausmaß angenommen, Kants Rede von der "Last der Geschichte" ist zu einer Belastung der philosophischen Vernunft selber geworden. Angesichts dieses Tatbestandes ist Adorno beizupflichten: "Tradition ist der Erkenntnis selbst immanent als das vermittelnde Moment ihrer Gegenstände. Keine Frage könnte neu gefragt werden, in der Wissen vom Vergangenen nicht aufbewahrt wäre und weiterdrängte" (ebd.)

München, im Juli 1976 　　　　　　　　　　　　　　　　　　　　　　　　　　S. O.

INHALT

EINLEITUNG

I. Ziel der vorliegenden Untersuchung und Problematik einer adaequaten Vico-Interpretation — 9

II. Überlegungen zum Stand der Forschung — 16

III. Zur Interpretation des *"Liber metaphysicus"* — 31

ERSTER TEIL
"Liber methaphysicus" und *"Scienza Nuova"*

I. Zur Problemstellung der Metaphysik Vicos — 34
  1. Neuzeitliche Wissenschaftsmethodik und philosophische Reflexion — 34
  2. Der transzendentale Problemansatz der Erkenntnisreflexionen Vicos — 37
  3. *Veritas praecisa:* Vico und Cusanus — 40
  4. Zusammenfassung — 42

II. Philosophische Theorie der Geschichte: Die "Neue Wissenschaft" — 47
  1. Die Grundthese der "Neuen Wissenschaft" — 47
  2. Das Grundproblem der "Neuen Wissenschaft" — 48
  3. Geschichtliche Verflochtenheit und reflexive Distanz — 49
  4. Zusammenfassung — 52

ZWEITER TEIL
Auseinandersetzung mit Descartes — 54

I. Das cartesische Erkenntnismodell — 55

II. Vicos Kritik des cartesischen Erkenntnismodells — 57
  1. Erkenntnismetaphysik und rationale Erkenntnissystematik — 57
  2. *Conscientia cogitandi — Scientia entis* — 60
  3. Erkenntniskritik und Vernunftmethode — 64
  4. Philosophische Begründung rationaler Wissenschaft — 69

DRITTER TEIL
Metaphysik des Geistes   73

I. Der systematische Kerngedanke in der "Neuen Wissenschaft"   73

II. Die theoretische Grundlegung im *Liber metaphysicus*   76

SCHLUSSBEMERKUNG   78

LITERATUR   79

NAMENSREGISTER   82

ZITIERWEISE

Die Werke Vicos sind im Folgenden zitiert nach der achtbändigen Gesamtausgabe:
G. B. Vico, Opere; Bari 1914–42
Vol. I   – "Le Orazioni Inaugurali" "Il De Italorum Sapientia e Le Polemiche", a. c. d.
           G. Gentile e F. Nicolini, 1914
Vol. II   – "Il Diritto Universale", a. c. d. F. Nicolini, 1836 3 Bde.
Vol. III – "La Scienza Nuova Prima", a. c. d. F. Nicolini, 1931
Vol. IV   – "La Scienza Nuova Seconda", a. c. d. F. Nicolini, 3ª Ed. Riv. 1942; 2 Bde.
Vol. V   – "L'Autobiographia, Il Carteggio e le Poesie Varie", a. c. d. B. Croce e F. Ni-
           colini, 2ª Ed. Riv. 1939
Vol. VI   – "Scritti storici", a. c. d. F. Nicolini, 1939
Vol. VII – "Scritti Vari, Pagine Sparse", a. c. d. F. Nicolini, 1940

Zusätzlich herangezogen wurden:
Giambattista Vico, Opere; a. c. d. F. Nicolini. Napoli 1953
Giambattista Vico, Opere Filosofiche, a. c. d. P. Cristofolini, Firenze 1971
G. B. Vico, De Nostri Temporis Studiorum Ratione. Vom Wesen und Weg der geistigen
Bildung, lat. – deutsch, Übers. W. F. Otto, Darmstadt 1963
Giambattista Vico, Die Neue Wissenschaft über die gemeinschaftliche Natur der Völker.
Nach der Ausgabe von 1744 übers. von E. Auerbach. E. Grassi (Hrsg.) Hamburg 1966.

EINLEITUNG

I. Ziel der vorliegenden Untersuchung und
Problematik einer adaequaten Vico-Deutung

Die nachfolgenden Ausführungen zur Philosophie Giambattista Vicos sind vor allem um ein genaueres Verständnis der inneren Zusammenhänge im philosophischen Werk des neapolitanischen Denkers bemüht. Sie versuchen die wesentlichen strukturbildenden Momente des vichianischen Gedankengebäudes in den Blick zu bekommen, um von hier aus den eigentlich philosophischen Anspruch Vicos, die systematische Intention seiner Philosophie, zu erfassen. Auf dieser Basis erst erscheint es möglich, sowohl der Gefahr doktrinärer Verengung der Fragestellung als auch der Versuchung vorschneller Verallgemeinerung von Teilaspekten der vichianischen Philosophie wirksam zu begegnen und damit eine tragfähige Grundlage für weiterführende vergleichende Analysen zu schaffen. In diesem Sinne — dies sei zur Entlastung der nachfolgenden Untersuchung vorweg angemerkt — geht es hier also weder schon um die Formulierung abschließender Ergebnisse noch auch um Vollständigkeit in der Darstellung der Fülle von Einzelproblemen, die das Werk Vicos etwa von seinen inhaltlichen Aspekten her aufwirft. Die Frage nach dem "wahren Vico", nach der authentischen "Gestalt" seines Denkens, an der sich seit den bahnbrechenden Forschungen Benedetto Croces[1] eine heftige, streckenweise polemisch geführte Debatte entzündete, läßt sich nicht schon durch ein Referat der Inhalte oder durch ideengeschichtliche Aufbereitung einzelner Elemente des vichianischen Gedankengebäudes beantworten. Soll das eigentümliche Spannungsverhältnis zwischen Überlieferung und Neuansatz, aus dem das philosophische Denken Vicos seine wesentlichen Konturen bezieht und das sich getreu in der wechselreichen Interpretationsgeschichte widerspiegelt, überhaupt interpretativ verstanden und zur Darstellung gebracht werden, so wird alles darauf ankommen, die grundlegenden Einsichten Vicos, die wesentlichen Züge seines Philosophierens, in ihrer Struktur zu erfassen, ihre Stellung und ihren Zusammenhang in einem systematischen Ganzen einsichtig zu machen. Damit eröffnet sich dann auch allererst die Möglichkeit vergleichender Analysen, d. h. die Möglichkeit eines genaueren Verständnisses der Stellung und Bedeutung, die dem vichianischen Denken in einem umfassenderen geistesgeschichtlichen Rahmen zukommt.

Die vorliegende Untersuchung versteht sich angesichts der Komplexität der Forschungslage als ein erster Schritt in der angedeuteten Richtung und möchte auch

---

[1] *Croce, B.* La filosofia di Giambattista Vico, ⁴Bari 1947, Dt. von E. Auerbach u. Th. Lücke, Tübingen 1927.
Ders., Le Fonti Della Gnoseologia Vichiana, in: Saggio sullo Hegel, ⁵Bari 1967.

als solcher gewertet werden. Sie nimmt dabei die Tatsache, daß das Werk Vicos im Sinne höchst unterschiedlicher, ja gegensätzlicher philosophischer Grundhaltungen gelesen und gedeutet werden konnte, ebenso als Indiz für die diffizile Struktur und Komplexität des vichianischen Philosophierens selbst, als auch als Aufforderung, sich im Zuge einer erneuten Auseinandersetzung mit dem Werk Vicos jeder kritiklosen Übernahme vorgefertigter Deutungsmuster und Interpretationsklischees zu enthalten. Auf die Gefahr einer doktrinären Verengung, die dem Verständnis der Philosophie Vicos gerade von ihrer eigenen Interpretationsgeschichte her droht, hat in diesem Zusammenhang ein so guter Kenner Vicos wie A. R. Caponigri zurecht hingewiesen.[2]

Als Prüfstein einer adaequaten Deutung des vichianischen Denkens, dies läßt sich bereits einer ersten Sichtung der Forschungsliteratur unschwer entnehmen, erweist sich eine genaue Bestimmung des Verhältnisses Vicos zu den Grundideen des cartesischen Wissenschaftsideals der *"mathesis universalis"*. Vicos "Neue Wissenschaft" erhebt den Anspruch, die Geschichte, die sich bis jetzt für die wissenschaftliche Erkenntnis als undurchdringlich erwiesen habe, in die "Form der Wissenschaft" zurückzuführen.[3] Aktueller Anlaß und im philosophischen Werk Vicos auch durchgängig präsenter Hintergrund für die dezidierte Frage nach der Geschichte, und zwar der Möglichkeit der Geschichte als Wissenschaft, ist ihm zweifelsohne die Philosophie des Descartes bzw. der Cartesianismus, wie er ihm in den Gelehrtenzirkeln seiner Heimatstadt Neapel begegnete.[4] Vico konstatiert den Bruch mit aller geschichtlichen Überlieferung, den er bei Descartes als Voraussetzung einer autonomen Neu- und Letztbegründung rational-methodologischer Wissenschaft vollzogen sieht; er hat ein waches Gespür für die epochemachenden Konsequenzen des auf absolute Erkenntnisgewißheit pochenden cartesischen Wissenschaftsverständnisses, und er ist sich auch sehr

---

[2] *Caponigri, A. R.* Time and Idea. The Theory of History in Giambattista Vico, London 1968. Caponigri bezieht sich auf die wohl ausgeprägtesten Richtungen in der Interpretation der vichianischen Philosophie um B. Croce und um F. Amerio, wenn er p. 5 feststellt: "Together ... these schools or tendencies may be said to define the masterlines of Vichian study. At the same time, however, they run a grave danger of imposing obstructing and inhibiting limitations of the horizon of inquiry and of becoming a veritable Scylla and Charybdis for one who would attain the thought of Vico himself. The strong influence which emanates from the one and from the other tends to reflect inquiry from its proper object, Vico, and to cause it to founder on the shoals of partisanship in a new war of the schools."

[3] Vgl. Scienza Nuova Sec., Opere IV – I,9: ... qui la filosofia si pone ad esaminare la filologia (o sia la dottrina di tutte le cose le quali dipendono dall'umano arbitrio, come sono tutte le storie delle lingue, de' costumi e de' fatti così della pace come della guerra de' popoli) la quale, per la di lei deplorata oscurezza delle cagioni e quasi infinita varietà degli effetti, ha ella avuto quasi un orrore di ragionarne; e la riduce in forma di scienza, col discovrirvi il disegno di una s t o r i a i d e a l e e t e r n a, sopra la quale corrono in tempo le storie di tutte le nazioni.

[4] Vico charakterisiert diesen Cartesianismus in einer aufschlußreichen Passage seiner Autobiographie: "Es ereignete sich plötzlich eine große Umwälzung der wissenschaftlichen Richtungen in Neapel, ... Wider alles Erwarten gaben jene vorzüglichen Gelehrten, die zwei oder drei Jahre zuvor behauptet hatten, die Metaphysik müßte in

wohl bewußt, daß seine eigene Fragestellung nach der Geschichte als Wissenschaft innerhalb des durch Descartes neu eingegrenzten Bereiches wissenschaftlicher, d. h. durch die Sicherheit und die Präzision der Methode verbürgter Wahrheitserkenntnis im Grunde bereits obsolet ist, denn das Wissenschaftsprogramm der *"mathesis universalis"* schließt ja gerade historisches Wissen als unsicheres, prinzipiell immer der Möglichkeit des Zweifels unterworfenes Wissen, im Ansatz bereits aus.

Von hier aus erklärt sich die polemische Haltung, die Vicos Werk dem zeitgenössischen Denken gegenüber charakterisiert, eine Haltung, die nicht zuletzt auch durch die Erfahrung geistiger Isolation gespeist ist, in die sich der Inhaber eines unbedeutenden Lehrstuhles für Rhetorik innerhalb der zutiefst vom Cartesianismus geprägten wissenschaftlichen Welt seiner Zeit gedrängt sah.[5] Die Forschung hat entsprechend, diese polemischen Züge in Vicos Schriften akzentuierend, die Gegnerschaft Vicos zu Descartes gebührend herausgestellt, und sie hat darüberhinaus in dieser Gegnerschaft zurecht den Schlüssel gesehen, mit dessen Hilfe der Zugang zu Vicos Gedankengebäude eröffnet werden konnte. Die Erkenntnischance, die mit diesem Zugang zweifelsohne gegeben ist, wird freilich gerade dann wieder verschüttet, wenn die Gegnerschaft Vicos zu Descartes extrapoliert wird zu einem prinzipiellen Gegensatz beider Denker und die Interpretation damit entsprechend in einer bloß äußerlichen Gegenüberstellung zweier scheinbar unvereinbarer philosophischer Denkhaltungen verharrt. Vicos eindringliche Bemühungen um die Einholung der Geschichte in die "Form der Wissenschaft" bleiben so in ihrer systematischen Absicht wie auch in ihrer philosophischen Relevanz für die auf Descartes folgende und auf ihm aufbauende Entwicklung des neuzeitlichen Denkens unbegriffen. Ziel dieser Bemühungen aber ist es, dem Wissenschaftsideal der *"mathesis universalis"* einen wahrhaft historisch-kritischen Denkansatz nicht nur an die Seite zu stellen, sondern es zu überwinden, um so der philosophischen Reflexion wieder einen konkreten Bezug zu gesellschaftlich-geschichtlicher Wirklichkeitserfahrung zu sichern. Der Reduktionismus der *"mathesis universalis"* und der Dogmatismus einer "natürlichen", durch keinerlei geschichtliche Bedingtheit mehr begrenzten Vernunft muß aufgebrochen werden, soll historische Erfahrung überhaupt wieder der philosophischen Reflexion vermittelt werden können — dies ist die Problemstellung,

---

den Klöstern verschlossen bleiben, sich selbst mit vollen Segeln metaphysischen Studien hin. Sie betreiben aber die Metaphysik nicht in der Art, wie sie ein Marsilio Ficino auf der Grundlage eines Plato und Plotin seit 1500 wieder erweckte und dadurch so große Gelehrte heranbildete, sondern nach den Meditationen des Descartes. Diesem Werke folgte das Buch über die Methode, in welchem Descartes die Studien der Sprachen, der Redner, der Historiker und der Dichter verwirft. In jenem Buch hebt er einzig und allein seine Metaphysik, Physik und Mathematik hervor ... Man sagte damals von einem großen Philosophen, den man loben wollte: Dieser versteht die Meditationen von Descartes." Zit. nach der deutschen Übersetzung von V. Rüfner, Zürich-Basel 1948, S. 53/54.

5 Vgl. dazu die Briefe an P. Giacchi vom 25. 10. 1725 in: Opere V, 187 ff.; an P. De Vitry vom 20. 1. 1727 ebd. 207; und an Francesco Saverio Estevan vom 12. 1. 1729, ebd. 215 f.

um die Vicos Überlegungen kreisen, ohne doch dabei die kritischen Intentionen wieder preiszugeben, denen die Philosophie Descartes' ihre Durchschlagskraft verdankte. Die Philosophen, so formuliert Vico den umfassenderen Ansatz seiner "Neuen Wissenschaft", "haben bis jetzt über die menschliche Natur nachgedacht, wie sie bereits durch Religionen und Gesetze geprägt erscheint, in denen Philosophie und damit sie selbst als Philosophen ihren Ursprung haben; sie haben nicht nachgedacht über die menschliche Natur, die die Religionen und Gesetze hervorgebracht hat, aufgrund derer sie erst Philosophen werden konnten."[6]

Die Kompaktheit dieser Formulierung, die Vico dann in seinen Überlegungen über den Zusammenhang von Topik und Kritik entfalten wird, ist hier vorerst nicht aufzulösen. Der kühne Zugriff jedoch, der in ihr sich bekundet, weist jedenfalls über Descartes hinaus, dessen scheinbar radikale Kritik sich hier letztlich mit ihren eigenen Voraussetzungen bekanntgemacht sieht.

Die Scienza Nuova versteht sich selbst neben der Fülle der in ihr ausgebreiteten empirischen Untersuchungen in ihrem Hauptaspekt als eine philosophische Theorie der Geschichte. Sie fragt — dies lehrt schon ein Blick auf ihren Aufbau — nach den Prinzipien und Elementen eines methodisch begründeten historischen Wissens[7], d. h., sie fragt aus der methodologischen Perspektive der Neuzeit und nicht etwa mehr im Sinne der traditionalen christlichen Geschichtstheologie, für deren heilsgeschichtliche Perspektive die Frage nach dem geschichtlichen Geschehen als solchem imgrunde ohne eigenes Interesse und ohne eigenen Sinn bleibt. Dem scheint nun allerdings zu widersprechen, daß eben diese "Neue Wissenschaft" von sich auch behauptet, eine "vernunftgegründete Theologie der göttlichen Vorsehung in der Geschichte" zu bieten. Sie will eine "Begründung der Vorsehung als historischer Tatsache sein", nämlich als eine "Geschichte der Ordnungen, die jene, ohne daß die Menschen es bemerkten oder daran mitwirkten, ja oft ihren Plänen ganz entgegengesetzt, der großen Gemeinde des Menschengeschlechtes gegeben hat."[8] Ist damit der Erkenntnisanspruch, den Vico mit dem anspruchsvollen Titel seines Werkes verknüpfte, bereits wieder zurückgenommen? Ein Umstand, so heißt es im Kapitel über die Prinzipien dieser Wissenschaft, müsse jeden, der ihn bedenke, mit Erstaunen erfüllen, nämlich daß "alle Philosophen voll Ernst sich bemüht haben, die Wissenschaft von der Welt der Natur zu erringen, welche, da Gott sie geschaffen hat, von ihm allein erkannt wird; und vernachlässigt haben nachzudenken über die Welt der Nationen, oder die historische

---

[6] Scienza Nuova Prima, Opere III, 18: Imperciochè i filosofi han meditato sulla natura humana incivilita giá dalle religioni e dalle leggi, dalle quali e non d'altronde, erano essi provenuti filosofi, e non meditarono sulla natura umana, dalla quale eran provenute le religioni e le leggi, in mezzo alle quali provennero essi filosofi.
[7] Vgl. insbesondere Scienza Nuova Sec., Opere IV — I, 117.
[8] Scienza Nuova Sec., Opere IV — I; 125/26: ... questa Scienza, per uno de' suoi principali aspetti, dev'essere una *teologia civile ragionata della provvedenza divina* ... Laonde cotale Scienza dee essere una dimostrazione, per cosí dire, di *fatto istorico della provvedenza*, perché dee essere una storia degli ordini che quella, senza verun umano scorgimento o consiglio, e sovente contro essi proponimenti degli uomini, ha dato a questa gran città del gener umano.

Welt, die die Menschen erkennen können, weil die Menschen sie geschaffen haben."⁹ Die Menschen können die geschichtliche Welt erkennen, weil sich in ihr jener Wirklichkeitsbereich darstellt, der selbst historisch entstanden ist und fortwährend entsteht, d. h. vom Menschen selbst hervorgebracht ist, und darin glaubte Vico jenes einzig lichte Moment angesichts der für menschliches Erkenntnisstreben schier undurchdringlichen Dunkelheit der Geschichte gefunden zu haben, auf das den "neiderregenden" Titel einer "Neuen Wissenschaft" zu gründen, er sich nicht versagen wollte.¹⁰ So unverständlich und interpretationsbedürftig der Satz, daß die Erkennbarkeit der Geschichte durch den Menschen auf ihrem Gemachtsein von den Menschen beruhe, auch zunächst erscheinen mag, erkennbar jedenfalls ist, daß hier eine vom Menschen her aufgebaute Wissenschaft ins Auge gefaßt ist. Um so rätselhafter muß es dann freilich erscheinen, daß Vico im Schlußkapitel seines großen Werkes diesen Ansatz zwar noch einmal als das "erste Prinzip dieser Wissenschaft" betont, ihn im selben Atemzug gleichsam durch die theologisch-dogmatische Rede von der Vorsehung jedoch seiner philosophischen Brisanz wieder beraubt. Denn, so sagt er hier, "nur die Menschen selbst haben diese Welt der Völker geschaffen — dies war das erste unbestrittene Prinzip dieser Wissenschaft —, aber sie ist, ohne Zweifel, hervorgegangen aus einem Geist, der von den besonderen Zielen der Menschen oft verschieden, manchmal ihnen entgegengesetzt und immer ihnen überlegen ist; jene beschränkten Ziele hat er seinen höheren dienstbar gemacht und sie stets verwandt, um das menschliche Geschlecht auf dieser Erde zu erhalten."¹¹

Die Problematik und zugleich die Schwierigkeit einer adaequaten philosophischen Deutung des vichianischen Hauptwerkes zeigt sich angesichts dieser Passagen in aller Deutlichkeit. Lassen sie sich noch, so muß die Frage lauten, in den Rahmen einer philosophischen Theorie der Geschichte integrieren und innerhalb eines solchen Rahmens verständlich machen, oder handelt es sich hier um disparate Momente innerhalb ein und desselben Werkes, deren Unvereinbarkeit Vico dann freilich entgangen wäre? Mit anderen Worten: handelt es sich in den zitierten Passagen lediglich um die theologische Einkleidung eines an sich genuin philosophischen Gedankens, der auch in diesem Gewand noch als solcher zu identifizieren ist, oder erschöpft sich ihr Sinn in der theologisch-dogmatischen

---

⁹ Scienza Nuova Sec., Opere IV — I, 118: Lo che, a chiunque vi rifletta, dee recar maraviglia come tutti i filosofi seriosamente si studiarono di conseguire la scienza di questo mondo naturale, del quale, perché Iddio egli il fece, esso solo ne ha la scienza; e trascurarono di meditare su questo mondo delle nazioni, o sia mondo civile, del quale, perché l'avevano fatto gli uomini, ne potevano conseguire la scienza gli uomini.

¹⁰ Vgl. Scienza Nuova Sec., Opere IV — II, 153.

¹¹ Scienza Nuova Sec., Opere IV — II, 164: Perché pur gli uomini hanno essi fatto questo mondo di nazioni (che fu il primo principio incontrastato di questa Scienza, dappoiché disperammi di ritruovarla da' filosofi e da' filologi); ma egli é questo mondo, senza dubbio, uscito da una mente spesso diversa ed alle volte tutta contraria e sempre superiore ad essi fini particolari che'essi uomini sí avevan proposti; quali fini ristretti, fatti mezzi per servire a fini piú ampi, gli ha sempre adoperati per conservare l'umana generazione in questa terra.

Formulierung, womit dann allerdings die Grenze legitimer philosophischer Reflexion überschritten wäre und womit dann auch das Schlagwort von der "Dunkelheit" Vicos, das in den Interpretationen seines Philosophierens Schule gemacht hat, sicherlich eine gewisse Berechtigung hätte.

Die Schwierigkeiten werden nun allerdings noch größer, wenn man bedenkt, daß die eben skizzierte Problematik auf der Ebene der Neuen Wissenschaft allein offensichtlich nicht aufzulösen ist. Der Grund dafür liegt dabei nicht nur und nicht so sehr in der Inkonsistenz der Sprachweisen, die an sich schon den Zugang zu diesem Werk so erschwert; er liegt vielmehr in dem schwererwiegenden Umstand, daß Vico jenes "erste Prinzip" seiner Wissenschaft, nämlich daß die Menschen die Geschichte erkennen könnten, weil sie selbst sie gemacht haben, in der "Neuen Wissenschaft" selbst an keiner Stelle mehr erläutert, geschweige denn begründet. Sucht man nach einer solchen Begründung, die den genauen Sinn dieses Prinzips präzisieren könnte, so findet man sich auf Werke Vicos verwiesen, die der Scienza Nuova vorausliegen, und darunter insbesondere auf die Schrift *"De antiquissima Italorum Sapientia"*, einer auf drei Bände geplanten Abhandlung, deren ersten und einzig ausgeführten Teil Vico 1710 unter dem Titel *"Liber metaphysicus"* publizierte.

Befaßt man sich mit dieser Schrift nun eingehender, so ist in der Tat die systematische Bedeutung und die grundlegende Funktion, die dem *"Liber metaphysicus"* im Gesamtwerk Vicos zukommt, nicht mehr zu übersehen. Die Schrift enthält nicht nur die eindringliche Auseinandersetzung Vicos mit Descartes um die Begründung philosophisch-wissenschaftlichen Erkennens, sondern sie entfaltet auch, als Frucht dieser Auseinandersetzung, in grundsätzlicher Form das berühmte Grundaxiom Vicos von der Konvertibilität des *verum* und des *factum*, von dem her Vico dann auch die Möglichkeit eines methodisch gesicherten historischen Wissens neu und im Gegensatz zu Descartes begründet. Läßt sich diese Deutung interpretativ erhärten, so müssen die Erkenntnisreflexionen des *"Liber metaphysicus"* in ihrer grundlegenden Funktion auch für die Problemstellung der "Neuen Wissenschaft" verstanden werden, der sie allererst den Weg bahnen. Daß dies aber in ihrer Intention liegt, läßt sich schon daran ablesen, daß Vico in ihnen über Descartes hinaus und radikaler noch als dieser nicht nur nach einem *primum verum*, einem ersten Prinzip rational-methodologisch gesicherter Wissenschaft fragt, sondern nun die tiefergehende Frage nach der Möglichkeit von Wissenschaft überhaupt aufwirft, um im Zuge dieser grundsätzlicheren Problemstellung mit seiner Formel von der Konvertibilität des *verum* und des *factum* dann ein Kriterium wissenschaftlicher Wahrheitserkenntnis zu gewinnen, von dem aus u. a. auch ein methodischer Zugang zur Geschichte zu eröffnen ist.[12] In diesem Sinne besteht zwischen der Scienza Nuova und dem *"Liber metaphysicus"* dann ein sachlich begründeter und zwingender Zusammenhang, dessen Berücksichtigung auch eine adaequate Interpretation der Neuen Wissenschaft erst ermöglichen dürfte, denn erst vor diesem Hintergrund verlieren die Gedan-

---

[12] Vgl. dazu unten S. 73 ff.

kengänge Vicos viel von ihrer immer wieder konstatierten Widersprüchlichkeit und gewinnen an Konsistenz und innerer Folgerichtigkeit.

In den Erkenntnisreflexionen des *"Liber metaphysicus"* ist den vorstehenden Überlegungen zufolge also jene Prinzipienlehre oder *philosophia prima* Vicos zu sehen, die zur Aufgabe hat, die Voraussetzungen einer systematischen Theorie der Geschichte wie auch der Wirklichkeit überhaupt zu entwickeln, deren ausgeführten Versuch dann dem Plan der Abhandlung von 1710 gemäß der *"Liber physicus"* und der *"Liber moralis"* darstellen sollte. Ersterer ist uns nur in einigen Hinweisen in Vicos Autobiographie erhalten,[13] und der *"Liber moralis"* schließlich dürfte in den weitausgreifenden Forschungen aufgegangen sein, die Vico zur Darstellung des "Diritto Universale" von 1720/21 und schließlich zur Ausarbeitung der Scienza Nuova in ihren verschiedenen Fassungen in den Jahren von 1725 bis 1744 führten. Mit dieser Problemstellung fügt sich Vico durchaus in die wissenschaftstheoretische Diskussion des 17. Jahrhunderts ein, wie sie etwa durch Bacon[14] oder Hobbes[15] und vor allem durch Descartes repräsentiert ist, wenngleich nun Vico gerade mit letzterem hinsichtlich der Möglichkeit der Geschichte als Wissenschaft in eine grundlegende Auseinandersetzung eintreten muß. Daß es ihm dabei jedoch ebenfalls um eine systematisch einheitliche Welterklärung geht, macht er noch einmal in seiner Autobiographie, deren Abfassung in die Entstehungszeit der Scienza Nuova von 1725 fällt, deutlich, wenn er fordert, daß "alles menschliche und göttliche Wissen überall eines Geistes und in allen seinen Teilen stichhaltig sein (soll), so daß die eine Wissenschaft der anderen die Hände reichen und keine der anderen zum Hindernis würde."[16]

Aus diesen Überlegungen ergibt sich nun auch der Ansatz für die Interpretation des vichianischen Werkes, der die vorliegenden Untersuchungen leitet. Sie haben die Erkenntnismetaphysik Vicos eben als die Theorie der Prinzipien oder Bedingungen von Erkenntnis überhaupt aufzuweisen, auf der die Gedankengänge der Scienza Nuova aufruhen und durch die sie erst ermöglicht sind. Nur auf diese Weise, so scheint es, läßt sich dann auch die Frage nach der systematischen Intention, nach der grundsätzlichen Orientierung des vichianischen Philosophierens einer Klärung näherbringen. Die solchermaßen skizzierte Problemstellung stößt nun freilich auf Hindernisse in der Durchführung, Hindernisse, die sich zum einen aus dem Werk Vicos selbst ergeben, sofern nämlich der *"Liber metaphysicus"* den Interpreten nun seinerseits wieder vor unüberwindlich erscheinende Auslegungsprobleme stellt — ein Umstand, der sicherlich auch mit

---

[13] Vgl. Autobiographie, Übers. V. Rüfner, op. cit. 75 f.
[14] F. Bacon gilt die "philosophia prima" als "a parent or common ancestor to all knowledge" indem sie "the common principles and axioms which are promiscuous and indifferent to several sciences" behandelt. The Advancement of Learning, II, 7, § 3; zit. nach W. Röd, Descartes' Erste Philosophie, in: Kantstudien; Ergänzungshefte 103, Bonn 1971, 5.
[15] Zu Hobbes vgl. De corpore, II.
[16] Autobiografia, Opere V, 32: . . . perché tutto il sapere umano e divino reggesse dapertutto con uno spirito e costasse in tutte le parti sue, sí che si dassero le scienze l'un all'altra la mano, né alcuna fusse d'impedimento a nessuna.

dazu beigetragen hat, daß dieses Werk zumal außerhalb Italiens, wo es im Gegensatz zu den anderen Schriften Vicos noch in keiner vollständigen Übersetzung zugänglich ist,[17] weitgehend unbekannt ist, — Hindernisse aber auch, die aus der Interpretationsgeschichte der vichianischen Philosophie erwachsen, aus der sich für eine Deutung in dem hier angestrebten Sinne nicht nur kaum Anhaltspunkte gewinnen lassen, sondern die einer solchen Deutung in großen Teilen geradezu entgegensteht. Wenn deshalb im folgenden die wichtigsten Positionen in der Interpretation des vichianischen Denkens behandelt werden, so geschieht dies mit Bezug auf die Problemstellung der vorliegenden Untersuchung, ohne daß dabei der Anspruch erhoben würde, die Problematik der jeweiligen Deutungen im einzelnen darstellen oder gar erschöpfend behandeln zu können.[18]

II. Überlegungen zum Stand der Forschung

Vico rekonstruiert in seiner Autobiographie den eigenen intellektuellen Werdegang als einen einheitlichen Denkprozeß, der um die Durchdringung und die Entfaltung eines Grundgedankens kreist, welcher ihm zuerst anläßlich seiner Universitätsschrift *De nostri temporis studiorum ratione* von 1708 aufleuchtet [19], und den er dann in seiner berühmten Formel von der Konvertibilität des *verum* und des *factum* — *verum esse ipsum factum* — komprimiert. Die moderne Vico-Forschung hat sich diese Selbstinterpretation Vicos kaum zu eigen gemacht, ja sie hat in Teilen die von Vico behauptete Kontinuität seines Denkens in ein Nebeneinander von Positionen dissoziiert, die sich geradezu zu widersprechen scheinen und deren Gegensätzlichkeit jedenfalls kaum mehr überbrückbar erscheint. Den Grundgedanken und damit den Einheitsgrund der vichianischen Philosophie zu erfassen, ist nun offensichtlich außerordentlich schwer und zwar ergibt sich diese Schwierigkeit gerade daraus, daß die Formel von der Konvertibilität des Wahren und des Geschaffenen, in die Vico ihn kleidet, in sich keineswegs klar und eindeutig erscheint und damit eine Vielzahl von Deutungsmöglichkeiten zuläßt. Die verwirrende Anzahl divergierender und kontroverser Interpretationen dokumentiert diesen Sachverhalt nur allzu deutlich. Daß dabei gerade aufgrund der angesprochenen Schwierigkeit Fragestellungen von außen an das Werk Vicos herangetragen wurden, erscheint durchaus legitim, auch wenn

---

[17] Auszüge finden sich in *K. Vorländer*, Geschichte der Philosophie V,
Übers. von E. Keßler, S. 147–160.
und in *E. Grassi*, Humanismus und Marxismus, Hamburg 1973, S. 250–262; (übers. B. Gerl).
[18] Einen gut informierenden Überblick über die Deutungen der vichianischen Philosophie bis 1960 vermittelt der Forschungsbericht von *A. M. Jacobelli – Isoldi*, G. B. Vico. La Vita e le Opere Bologna 1960.
[19] Autobiografia, Opere V, 31.

hier natürlich dann die Gefahr einer gewaltsamen Einbettung des vichianischen Philosophierens in vorgegebene systematische Schemata und der allzu unbedenklichen Generalisierung von Teilaspekten besonders naheliegt. Die Problematik der jeweiligen Interpretationen entsteht demgemäß dort, wo zugunsten einer vorgegebenen systematischen Perspektive nur diejenigen Aspekte des vichianischen Denkens in die philosophische Deutung einbezogen werden, die sich bruchlos in den vorgezeichneten Rahmen einfügen, während widerstrebende Momente entweder verdeckt oder bestenfalls Gegenstand psychologischer Erklärungsversuche werden.

Die letztere Bemerkung gilt nun in besonderem Maße jener einflußreichen Richtung in der Vico-Forschung, der zweifelsohne das Verdienst zukommt, Vicos Philosophie überhaupt erst aus der historischen Versenkung hervorgeholt und in bahnbrechenden Forschungsarbeiten der philosophischen Diskussion wieder zugeführt zu haben. Sie ist vor allem vertreten durch B. Croce, G. Gentile und den Herausgeber der kritischen Gesamtausgabe der vichianischen Werke, F. Nicolini, und hat ihren repräsentativsten Ausdruck in der großen Monographie gefunden, die Croce der Philosophie seines neapolitanischen Landsmannes gewidmet hat, ein Werk, das an Vollständigkeit und intimer Sachkenntnis bis heute unübertroffen ist.[20] Croce hat nun allerdings mit seiner entschiedenen Deutung der Scienza Nuova als einer Philosophie des Geistes im Sinne der späteren Philosophie Hegels diese so weitgehend von den vorausgehenden Schriften Vicos als systematisch unbedeutender Vorstufen abgehoben, daß ihm deren Zusammenhang und damit auch die wissenschaftstheoretische Intention Vicos vollends entgleitet. Er folgt damit einer Interpretationslinie, die bereits B. Spaventa vorgezeichnet hat und für die die Unterscheidung zwischen einem in "alten" und "überholten" Denkkategorien befangenen Vico des *Liber metaphysicus* und dem "wahren", in seiner antizipatorischen Kraft wahrhaft genialen Vico der *Scienza Nuova* geradezu konstitutiv ist. Spaventa, im Bestreben, Vico als "precursore die tutta L'Alemagna" zu erweisen [21], hält die Gedankengänge des *Liber metaphysicus* für so falsch und dem Geist der Scienza Nuova so entgegengesetzt, daß für ihn jeder Versuch, Vico aus seiner "alten Metaphysik" heraus deuten zu wollen, nur zu einem völligen Unverständnis führen kann.[22] In der Scienza Nuova hingegen findet Spaventa eine Konzeption vor, die den systematischen Bedürfnissen der von ihm angelegten Perspektive nahezu entspricht. Sie beinhaltet nach seiner Deutung die Aufhebung der Differenz zwischen Subjekt und Objekt der Erkenntnis in die Einheit des einen Geistes, der im historischen Prozeß reflexiv die eigenen Entäußerungen gleichsam wieder einholend, sich in seiner höchsten Form des sich seiner selbst bewußten Wissens vollendet.

---

[20] She. Anm. 1.
[21] *B. Spaventa*, La filosofia italiana nelle sue relazioni con la filosofia europea, Nuova Ed. a. c. d. G. Gentile, Bari 1908, 31.
[22] Ebd. 60: Credo che non ci possa essere una dottrina piú falsa e piú contraria a tutto lo spirito della "Scienza Nuova" u. 199: voler comprendere Vico colla sua vecchia metafisica é non capirne niente.

Entwicklung (sviluppo) als Selbstschöpfung (autogenesi), so lautet die Formel, auf die Spaventa jene Konzeption bringt, die er in der Scienza Nuova wenn auch nicht expressis verbis, so doch als notwendig zu folgernde Konsequenz angelegt sieht.[23] So kritisiert er an Vico — und dies bedingt seine Charakterisierung als "Vorläufer" — daß dieser jene neue Idee einer absoluten Einheit unter dem Begriff der "Vorsehung" lediglich für den Bereich des *mondo civile*, der historisch-politischen Wirklichkeit, entwickelt habe und zwischen dieser und dem *mondo naturale* noch unterscheide, setze seine Konzeption doch bei konsequenter Anwendung auch eine neue Metaphysik voraus, eine Metaphysik des Geistes im hegelschen Sinne. Hier also, so Spaventa, herrsche bei Vico ein unerklärlicher Widerspruch und eine unaufhellbare Dunkelheit, ja dieser Widerspruch zwischen der Idee "absoluter Einheit" und "alter Seinsmetaphysik" sei die "Dunkelheit Vicos".[24]

Dieses Interpretationsschema Spaventas bleibt in seinen Grundzügen auch für die Deutungen Croces bestimmend. Es enthält zum einen die Feststellung eines grundsätzlichen Widerspruchs zwischen der "Metaphysik" Vicos und der Scienza Nuova und, damit verbunden, die scharfe Trennung zwischen beiden Werken. Zum anderen, und für die Interpretation der Scienza Nuova selbst, ist es die Unterscheidung zwischen einer expliziten Aussage dieses Werkes und deren impliziter Konsequenz, zwischen der subjektiven Darstellung Vicos und deren objektiver Tendenz, auf deren Erhellung und Verknüpfung mit der späteren Philosophie Hegels die ganze Interpretation zielt. Auch Croce, dessen Monographie, von R. C. Collingwood ins Englische und von E. Auerbach und Th. Lücke ins Deutsche übertragen, das Verständnis der Philosophie Vicos gerade auch außerhalb Italiens nachhaltig prägte und beeinflußte, möchte bereits für den Italiener in Anspruch nehmen, was er erst ein Jahrhundert später durch den deutschen Philosophen, ohne daß Hegel Vico gekannt hatte, vollendet sieht, und er scheut sich nicht, die Metapher einer "Seelenwanderung" zu verwenden, um die innere Verwandtschaft zwischen Vico und Hegel und freilich auch die Priorität des Italieners zu verdeutlichen.[25] Bedingt durch diese Perspektive zieht auch er die Trennungslinie zwischen der Scienza Nuova und der "Metaphysik"

---

[23] Ebd. 124/25: Sviluppo é autogenesi. Chi dice sviluppo, dice gradi, stazioni, funzioni, forme diverse di attivitá. Ora quel che si sviluppa é il principio stesso universale ... Questo principio — Psiche, Anima, Mente, Ragione, Pensiero, Spirito — dá a se stesso, appunto in queste funzioni o forme, una realtá determinata; e allora ha finito la sua esplicazione, quando é arrivato o meglio ritornato a se stesso, cioé quando si é attuato in una forma adaeguata alla sua universalitá o idealitá.
Sowie ebd. 133/34: Certamente in Vico non é espresso il nuovo concetto come unitá del tutto; ma questa unitá é implicita nel suo concetto dello spirito, ed é una conseguenza necessaria di tal concetto; appunto perché l'unitá dello spirito é sviluppo, tale deve essere anche l'unitá del tutto. Questa unitá é la provvidenza.

[24] Ebd. 137: E intanto la sua metafisica é la vecchia, quella dell'ente. Questa contradizione — nuova unitá e vecchia metafisica — é l'oscuritá di Vico.

[25] B. Croce, Saggio sullo Hegel, ²Bari 1967, ... : Par quasi che l'anima dell'italiano e cattolico filosofo sia trasmigrata nel tedesco, e ricompaia, piú matura e consapevole, alla distanza di un secolo.

des Liber metaphysicus, die für ihn "ohne jede mögliche Verbindung mit der Neuen Wissenschaft bleibt" ja geradezu als "Fehlgeburt" bezeichnet wird,[26] und im Falle der letzteren ist die Kritik wie bei Spaventa darauf gerichtet, daß Vico noch Grenzen setze, die er hätte überschreiten, daß er sich noch Beschränkungen auferlege, die er hätte überwinden müssen, wäre er sich des revolutionären Charakters seiner Entdeckung voll bewußt geworden: "Nun strebte die Neue Wissenschaft, die die vollkommene Erkennbarkeit der menschlichen Dinge behauptete, und nicht etwa in ihrer Oberfläche, wie bei einer Psychologie, sondern in ihrem tiefsten Wesen; die Neue Wissenschaft, die jenseits der Individuen die Kenntnis des Geistes zu erlangen suchte, der die Welt leitet ... notwendigerweise, nachdem sie sich bis zu dieser Höhe erhoben hatte, nach einer Interpretation der ganzen Wirklichkeit ... als e i n e s G e i s t e s. Daß jene Tendenz eine objektive Tendenz der Neuen Wissenschaft und nicht eine subjektive Vicos war, in dessen Geist sich jene Wissenschaft sozusagen selbst gedacht hatte — darauf brauchen wir wohl nicht noch einmal hinzuweisen. Vico als Person begünstigte sie keineswegs, ja er beschränkte und unterdrückte sie sogar mit solcher Energie, daß er keine Spur von ihr in seinen Büchern zum Vorschein kommen ließ.[27]

Aufgabe einer konstruktiven Interpretation muß es nach Croce sein, jene "philosophische Ergänzung" vorzunehmen, welche die Scienza Nuova bereits logischerweise fordert, und dies bedeutet wieder die Unterscheidung zwischen der subjektiven Darstellung Vicos mit ihrer restriktiven Anwendung seines Grundsatzes von der Konvertibilität des Wahren und des Geschaffenen und deren "objektiven" Ertrag, der, konsequent zu Ende gedacht, schon die Bestreitung jener Einschränkung in sich trägt. So habe auch, meint Croce, die neue Philosophie die vichianische Unterscheidung der beiden Welten des Geistes und der Natur nicht angenommen; sie machte "vichianicher als Vico selbst, den Menschen aus einem Halbgott zum Gott, erhob den menschlichen Verstand zum universalen Geist oder zur Idee, spiritualisierte und idealisierte die Natur und suchte sie, da auch sie ein Erzeugnis des Geistes sei, in der 'Naturphilosophie' spekulativ zu verstehen."[28] Dieses generelle Interpretationsschema füllt nun Croce im einzelnen durch die Unterscheidung einer "ersten" und einer "zweiten" Form der vichianischen Erkenntnistheorie", wobei für ihn nur die zweite Form, die der Scienza Nuova zugrundeliegt, als "legitime Anwendung" des vichianischen Grundaxiomes angesehen werden kann, denn nur im Falle der geschicht-

---

[26] Vgl. *Croce*, Die Philosophie Giambattista Vicos, op. cit. 113 ff.
[27] Ebd. 114.
[28] Ebd. 207. Zur Verknüpfung Vicos mit Hegel vgl. auch *G. Gentile*, Studi vichiani, ²Firenze 1927, 137: La realtá della Scienza Nuova non solo é mente, ma mente come autocoscienza: non astratta universalitá quale apparisce a se stessa la mente considerata come ogetto di sé (idea, mondo intelligibile, Dio trascendente), ma quella concreta raccogliandosi nella coscienza di se medesima. È insomma la mente quale si realizza nella storia. Infatti, natura di cose altro non é che nascimento di esse in certi tempi e con certe guise, e la mente viene manifestando anzi costituendo la sua attraverso il processo storico. Che é il concetto dello spirito o dell'idea assoluta, come si sforzerá di pensarlo Hegel.

lichen Welt ist nach Croce jene Kongruenz von Erkennen und Schaffen gegeben, die mit jenem Axiom seiner Meinung nach gefordert sei.[29] Wenn Vico also sein Axiom im *Liber metaphysicus* auch schon auf den Fall der mathematischen Wissenschaften angewandt habe, habe er sich imgrunde selbst mißverstanden, denn wenn nun gegen das cartesische Evidenzkriterium der *idea clara et distincta* in der Verknüpfung von Wahrheit und Tun das Ideal der Wissenschaft festgestellt und die wahre Natur der Wissenschaft erkannt sei, so sei die erste Folgerung, die aus dieser Erkenntnis gezogen werden müsse, eben die, welche die Platoniker und die Skeptiker der Renaissance aus ihr gezogen hätten, nämlich "die Unmöglichkeit der Wissenschaft für den Menschen", denn dann besitze nur Gott, der die Dinge geschaffen hat, die Wissenschaft von ihnen.[30] Im Fall der Mathematik aber, so kritisiert Croce, fehle eine wirkliche Beziehung zwischen der Vorstellung von Gott, der die Welt schafft und sie erkennt, weil er sie schafft, und der Vorstellung von demjenigen, der willkürlich eine Welt von Abstraktionen aufbaue und, während er dies tue, nichts erkenne oder höchstens ... die Tatsache, daß er willkürlich verfahre.[31]

Croces forcierter Versuch, Vicos Denken als eine Vorwegnahme wesentlicher Grundgedanken der hegelschen Vernunftspekulation zu deuten, geht, wie die angeführten Textparaphrasen zu zeigen vermögen, an den eigentlichen Intentionen Vicos vorbei. Denn, wenn auch Croce sicher zutreffend erkennt, daß Vico dem rein rationalen Methodenideal des Cartesianismus mit einem komplexeren Vernunftbegriff begegnet, der durchaus strukturelle Ähnlichkeiten zum hegelschen Vernunftbegriff aufweist,[32] so trägt er doch mit seiner Unterscheidung einer "ersten" und einer "zweiten Form der vichianischen Erkenntnistheorie" einen Bruch in die Philosophie Vicos, als dessen Folge ihm dann der Charakter des *Liber metaphysicus* als einer philosophischen und methodologischen Grundlegung nicht mehr in den Blick kommen kann. Dies schlägt sich auch nieder auf seine Deutung des vichianischen Grundaxiomes, dessen Interpretation als K o n v e r s i o n von Faktizität und Wahrheit im Falle menschlicher Geschichtserkenntnis[33] gerade die Einsicht verdeckt, die als die entscheidende Leistung Vicos angesehen werden darf, nämlich die Aufdeckung der prinzipiellen Abständigkeit der Erkenntnisvollzüge menschlich-kontingenten Geistes zum Maßstab absoluter

---

[29] Vgl. *B. Croce*, Die Philosophie ... op. cit. 24 ff.
[30] Ebd. 5.
[31] Ebd. 24. Vgl. auch ebd. 10: "Die Ähnlichkeit des mathematischen Menschen mit Gott ist nicht allzu verschieden von der des Kopisten eines Werkes mit seinem Schöpfer; das, was Gott im Universum der Wirklichkeit ist, dasselbe ist der Mensch allerdings im Universum der Größen und Zahlen, aber dieses Universum ist bewohnt von Abstraktionen und Fiktionen. Die dem Menschen übertragene Göttlichkeit ist gewissermaßen nur eine Farce."
[32] Vgl. dazu unten S. 73 f.
[33] Vgl. *Croce* op. cit. 25: Das menschliche Wissen ist q u a l i t a t i v das gleiche wie das göttliche, und gleich dem göttlichen Gedanken erkennt es die menschliche Welt; ... In dem Bereich des Menschen gibt es nicht mehr Hilfsmittel aus Schwäche, nicht mehr Fiktionen und Fälschungen; hier ist man in der größten Konkretheit des Erkennens.

Identität von Wahrheit und Faktizität, den die vichianische Formel als "idea di vero" oder *regula veri* zum Ausdruck bringt.[34] Menschliches Erkennen bemißt sich anhand dieses Maßstabes immer nur nach Graden möglicher und ihm erreichbarer K o n v e r t i b i l i t ä t, und Vicos Erkenntnisreflexionen sind darum bemüht, eben diese Gradualität menschlichen Wissens exakt zu bestimmen, darin liegt die kritische Funktion seines Wahrheitsaxioms gegenüber dem cartesischen Wissenschaftsverständnis, und darin zeigen sich auch die wissenschaftsmethodologischen Intentionen seiner Überlegungen. Daß diese nun ihrerseits wieder aus einer Analyse des Erkenntnismodells der Mathematik und damit des Methodenideals der neuzeitlichen exakten (Natur-)Wissenschaft entwickelt werden, entgeht Croce völlig, weshalb er auch die entscheidende Stellung und Bedeutung, die dem Erkenntnismodell der Mathematik und damit der geometrischen Methode auch bei Vico zukommt, bis zur Unkenntlichkeit verzeichnet. Augenfällig wird dieses Unverständnis in Croces Behandlung des Kapitels IV/2 des *Liber metaphysicus*, in dem Vico in Auseinandersetzung mit den Grundbegriffen "Ausdehnung" und "Bewegung" der cartesianischen Naturphilosophie seine Theorie des "metaphysischen Punktes" und des *conatus* darstellt, die Croce ohne jedes Gespür für die methodologische Funktion dieser Konstruktionsideen inhaltlich verstehen möchte und dann natürlich als Ausfluß eines "phantastischen und willkürlichen Denkens", das "kosmologische und physikalische Romane erfindet", mißversteht.[35]

Neben der Fehldeutung des *Liber metaphysicus* läßt nun gerade Croces Monographie auch einsichtig werden, daß eine Ablösung der Scienza Nuova von ihrer philosophischen Grundlegung in den Erkenntnisanalysen der verhältnismäßig frühen Abhandlung von 1710 auch zu inadäquaten Ergebnissen in der Interpretation des vichianischen Hauptwerkes selbst führen muß. Vico teilt nicht den maßlosen Anspruch, alle faktische Geschichte in die apriorische Wahrheit der einen Vernunftgeschichte aufzuheben, der die spekulative Geschichtsphilosophie des transzendentalen Idealismus trägt und den ihm seine Interpreten unterstellen. Er möchte im Gegenzug zu Descartes' Ausklammerung der Geschichte historische Faktizität der philosophischen Reflexion gerade wieder v e r m i t t e l n, indem er sich um die Klärung der Voraussetzungen und Prinzipien bemüht, die ein methodisch sinnvolles Verstehen von Geschichte möglich erscheinen lassen könnten. Croce, der sehr wohl bemerkt, daß sich die Neue Wissenschaft gerade in diesem Bemühen gegen seine Deutung sperrt, sieht sich veranlaßt, die widerstrebenden Momente in ihrer Bedeutung angesichts der nach ihm vorherrschenden Tendenz in diesem Werk herabzusetzen. Wenn Vico glaubte, Platon und Bacon in Einklang bringen zu können, so hatte er dabei nach Croce bereits einen "platonisierten Bacon" im Auge, denn imgrunde sei ihm die Neue Wissenschaft nur deshalb so neu erschienen, weil sie ganz von einer neuen Philosophie erfüllt gewesen sei, die in der Tat, t r o t z a l l e r E m p i r i e (sic!), überall durchbreche.[36]

---

[34] Vgl. unten S. 40 f.
[35] Vgl. *B. Croce*, Die Philosophie ... op. cit. 119 f.
[36] *B. Croce*, Die Philosophie ... op. cit. 30.

Vicos Versuch, Philosophie und Geschichte als empirische Wissenschaft einander wieder zu vermitteln, oder, wie er selbst sagt, die Geschichte in die "Form der Wissenschaft" zurückzuführen, erscheint dementsprechend in der Interpretation Croces geradezu als "innerer Fehler", der in der Struktur der Neuen Wissenschaft selbst angelegt sei. Um das Gold zu entdecken, das in dieser Wissenschaft verborgen liege, müsse man es von den Schlacken reinigen, die mit ihm verbunden seien, d. h. als "Grundsatz für die Deutung", man müsse "auf analytischem Wege eine Trennung der reinen Philosophie ... von der Empirie und der Geschichte, mit denen sie vermengt und gewissermaßen körperlich verschmolzen ist, (vornehmen)."[37] Die gewaltsame Verbindung, so formuliert schließlich G. Gentile die Quintessenz dieser Interpretation, die Vico zwischen seiner spekulativen und einer empirischen Betrachtungsweise der Geschichte noch in dualistischer Weise herstelle, lasse die Scienza Nuova als eine Philosophie der Geschichte erscheinen, wohingegen sie doch auch in der Form hätte sein müssen, was sie der Substanz nach ohnehin sei, nämlich eine Philosophie des Geistes bzw. eine Metaphysik des Geistes als der einen Wirklichkeit.[38]

Wie bereits erwähnt, hat sich an den Interpretationen Croces und Gentiles eine heftige Debatte um die Frage nach dem "wahren Vico" und um die ideengeschichtliche Einordnung seines Denkens entzündet. Die schärfste Gegenposition zu der eben skizzierten, nahm dabei eine Reihe von katholischen Interpreten ein, die sich in bewußter Polemik gegen die Deutungen Croces und Gentiles um den Nachweis der "fondamentale ortodossia come carattere generale del pensiero vichiano"[39] bemühten und sich damit eben den Vorwurf einer tendenziösen Auslegung des vichianischen Denkens zuzogen, den sie selbst den "idealistischen" Interpretationen gegenüber erhoben hatten. Für eine philosophische Deutung des vichianischen Werkes erscheint es in der Tat als zu einfach, Vicos Zugehörigkeit zur Tradition christlichen Denkens zu behaupten, als ob diese Tradition einen einheitlichen und geschlossenen Entwurf bildete und nicht selbst wieder in einer Vielzahl von Überlieferungsströmen sich darstellte, die sich bekanntlich durchaus nicht immer auf einen einheitlichen Nenner bringen lassen; und die Rede von der "Orthodoxie" der Philosophie Vicos vollends, stellt diese auf den Hintergrund theologischer Voraussetzungen, deren dogmatische Konsequenzen in einer philosophischen Diskussion vichianischer Theorien sicherlich nicht zur Erörterung stehen können.[40] Im einzelnen zeigt sich darüberhinaus, daß die

---

[37] Ebd. 37.
[38] *G. Gentile,* Studi vichiani, Firenze² 1927, 115: ... qui un errore capitale della sua costruzione ... La violenta mescolanza, che il Vico, dualisticamente, é indotto a fare della considerazione speculativa della storia con la considerazione empirica, ha fatto della Scienza Nuova una filosofia della storia, laddove essa avrebbe dovuto esser nella forma, come é nella sostanza ... una filosofia dello spirito, cioé una metafisica della realtá intesa come spirito.
[39] *F. Amerio,* Sull'interpretazione di Vico, in: Giornale di Metafisica VI/1, (1951) p.72.
[40] Vgl. die Präzisierung *Amerios,* Critici cattolici e critici non cattolici di G. B. Vico, in Giornale di Metafisica VII/6 (1952) 711–736: ... una filosofia si puó giudicare ortodossa se non si pone incompossibile con l'accettazione della dogmatica e dell'etica cristiana.

apologetische Absicht aufgrund solcher Voraussetzungen nicht selten sich letztlich in der Polemik erschöpft[41] und an der eigentlichen Problematik Vicos damit ebenso vorbeigeht, wie die Position, gegen die sie sich richtet. Greifbar deutlich wird dies daran, daß in der Deutung der Scienza Nuova gegen Croces immanentisierende Auslegung durchgehend die ausschließlich theologisch-dogmatische Bedeutung des vicoschen Vorsehungsbegriffs in den Vordergrund gerückt wird,[42] die Geschichtstheorie Vicos somit wieder an theologische Voraussetzungen zurückgebunden und damit ihres philosophischen Kerns beraubt wird. Ohne Frage haben die katholischen Interpreten dabei den Augenschein der theologischen Begriffssprache für sich, in die Vico über weite Strecken seine Grundgedanken kleidet und die sie insoweit beim Wort nehmen. Es ist jedoch auch nicht zu übersehen, daß es Vico bei dieser Einkleidung allein nicht beläßt, sondern, und davon wird noch zu sprechen sein, sie philosophisch einholt. Die theologische Begrifflichkeit erscheint bei ihm keineswegs schon als Voraussetzung philosophischer Reflexion, sondern sie dient dem vorsichtigen Neapolitaner vielmehr als Bestätigung des philosophischen Gedankens. Eine kritisch und nicht nur vordergründig verfahrende Interpretation sollte die eigentümliche Vielschichtigkeit der vichianischen Terminologie jedenfalls eigens reflektieren und diese nicht unbesehen schon als Indiz für die Zugehörigkeit Vicos zu einer festgefügten Tradition theologisch-philosophischen Denkens überbewerten. Wie jede Philosophie so gewinnt auch die Vicos ihre spezifischen Züge vor dem Hintergrund der Umwelt, an die sie sich richtet und auf die sie Bezug nimmt. Vicos Umwelt aber ist längst nicht mehr die einer ungebrochenen Tradition philosophischen Denkens, in die er sich hätte einfügen und in der er hätte weiterfragen können, sondern es ist die Methodendiskussion des siebzehnten und achtzehnten Jahrhunderts, in deren Umkreis sich ihm die Frage nach der Geschichte in vorher kaum gekannter Zuspitzung erst stellte. Bleibt die Deutung seines Denkens also an den sprachlichen Ausdruck fixiert, in dem es sich artikuliert, so läuft sie Gefahr, den eigentlichen Gedanken, der seinem Gehalt nach über die Grenzen der Terminologie bereits hinausweist, zu verfehlen.

In diesem Sinne verfehlt bleibt der vicosche Grundgedanke auch in der Interpretation Karl Löwiths,[43] der zwar die Versuche, Vicos Philosophie aus der

---

[41] Vgl. etwa die abschließende Wertung von *G. C. Federici,* Il principio animatore della filosofia vichiana, Roma 1947 p. 217: "Vico non é dunque un precursore piú o meno inconscio dell'idealismo inquieto, nebuloso, antichristiano e perció irreale; egli é invece uno dei grandi capisaldi della filosofia umana, serena, chiara, nutrita di spirito christiano e perció aderente alla realtà: tale é il Vico: L'uomo e il pensiero.

[42] Vgl. *E. Chiocchetti,* La filosofia di G. B. Vico, Minano 1935, 60 ff.; *F. Amerio,* Introduzione allo studio di G. B. Vico, Torino, 1947, 274 ff.: *L. Bellofiore,* La Dottrina della provvidenza in G. B. Vico, Padova 1962, 163 ff.; *G. C. Federici,* op. cit. 179 ff.; *S. Vismara,* La storia in S. Agostino e in G. B. Vico, in: Rivista di Filosofia neo-scolastica XXIII (1931) 115–166; *G. Graneris,* Gnoseologia ed Ontologia nel Pensiero di Giambattista Vico, in: Riv. di Fil. neo-scolastica XXXVII (1945) 244–266.

[43] *K. Löwith,* Vicos Grundsatz: verum et factum convertuntur, seine theologische Prämisse und deren säkulare Konsequenzen, Heidelberg 1968.

Tradition der Scholastik herzuleiten, für "abwegig" hält, aber nun seinerseits im vicoschen Grundaxiom von der Konvertibilität des *verum* und des *factum* einen "Topos der scholastischen Theologie" wiedererkennen will und ihn als die "christlich-theologische Prämisse" auslegt, ohne die Vicos Grundsatz ohne "metaphysisches, d. i. ontotheologisches Fundament" wäre. Löwith zufolge bezieht sich der vicosche Grundsatz also in ausgezeichneter Weise auf Gott, der die Welt der Natur in absoluter Weise aus Nichts erschaffen habe, und sodann erst, in Analogie zu Gott, auf den Menschen, sofern er "ad Dei instar" d. h. ohne jedes materielle Substrat, mathematische ficta wie aus dem Nichts denkend erschaffe und sie nach freiem Belieben benenne und definiere. Und übertragen auf die Scienza Nuova besagt dies für Löwith dann, daß "das eigentliche Prinzip der Neuen Wissenschaft daher nicht schon die Konvertibilität des verum und factum, d. i. die Wahrheit der vom Menschen geschaffenen Welt, sondern die göttliche Vorsehung (ist)."[44] Löwith weist zwar zurecht darauf hin, daß das Prinzip verum=factum mißverstanden wäre, wollte man es im historistisch-faktizistischen Sinne auslegen[45], wie dies im Anschluß an Marx etwa M. Lifshitz[46] und G. Lukács[47] versuchen, die eigentliche wissenschaftsbegründende und methodologische Funktion des vichianischen Prinzips bleibt jedoch auch ihm gerade deshalb verborgen, weil er es nur vordergründig als "theologische Prämisse" und nicht als eigentliches Ergebnis der Auseinandersetzung mit Descartes erfaßt, in deren Zusammenhang es Vico selbst entwickelt. Die Interpretation erfaßt so den

---

[44] Ebd. 15. Ähnlich ist auch *J. Habermas*, Theorie und Praxis, ³Neuwied/Berlin 1969, S. 207 f. der Meinung, daß sich bei Vico die erkenntnistheoretische Frage nach der Geschichte in "theologischer Form" stelle. In dieser Konstruktion gebe es nur einen einzigen Geschichtsphilosophen, auf den Vicos Definitionen zuträfen: Gott selbst. Den Erkenntnisanspruch der Scienza Nuova sieht Habermas darin, daß sie "alle zu legitimen Teilhabern der Vorsehung machen (möchte) . . . Vico spannt die Vorsehung gleichsam als das Netz unter das Trapez der Geschichte, das die Völker immer wieder auffängt, solange sie, Subjekte der Geschichte an sich, noch nicht als Subjekt die Geschichte mit Willen und Bewußtsein lenken."
[45] Vgl. *K. Löwith*, Weltgeschichte und Heilsgeschehen, ⁵Stuttgart 1953, 115.
[46] *M. Lifshitz*, Giambattista Vico, in: Philosophy and Phenomenological Research, VIII (1948), 391—414.
[47] *G. Lukács*, Die Zerstörung der Vernunft. Werke Bd. 9, 113 f. Lukács sieht im vicoschen Begriff der Vorsehung einen mystifizierenden Terminus, der jedoch einem unvoreingenommenen Leser nicht verdecken könne, daß Vico eine von den Menschen selbst gemachte eigene und darum erkennbare vernünftige Geschichte meine und jede transzendente Macht aus dem vernünftigen Zusammenhang der Geschichte entferne.
Eine marxistische Deutung des vichianischen Grundaxioms gibt auch *N. Badaloni*, Introduzione a G. B. Vico, Milano 1961, 339 f.: Per quanto riguarda il vero umano, la sua misura passa attraverso la misura del *factum;* ma oltre il factum . . . occorre un ulteriore criterio verificativo; esso può esporsi così: 'il vero si converte nel buono quando l'oggetto riconosciuto come vero deve la sua esistanza anche alla mente che lo conosce'. Ohne jedes Gespür für die Reflexionsebene dieser Aussage Vicos deutet Badaloni das *Bonum* im Sinne von "pradicalmente producente, Utile", und liest dann aus ihr eine antikartesianische d. h. antimentalistische Polemik heraus: "Da queste premesse la polemica anticartesiana è semplicemente un corollario antimentalistico."

vicoschen Gedanken nur an der Oberfläche, dringt nicht ein und bleibt letztlich im Äußeren des sprachlichen Ausdrucks stecken. Die undifferenziert angesetzte These vom Antikartesianismus Vicos verschüttet den Zugang zu Vicos Philosophieren bereits, bevor dessen Grundgedanke in den Blick kommen kann.[48]

Letzteres muß nun grundsätzlich auch gesagt werden gegenüber dem Vicoverständnis E. Grassis[49], das sich von der Deutung Croces und Gentiles wie auch von den scholastischen Herleitungsversuchen der vichianischen Philosophie gleichermaßen distanziert. Grassi sieht den historischen und systematischen Schlüssel zum Verständnis Vicos in der Tradition des italienischen Humanismus, eine Tradition, die er jedoch entgegen der üblichen Auffassung nicht lediglich als Übergangs- und Vorbereitungsphase des neuzeitlichen Denkens verstehen will, sondern die er gerade in ihrer Eigenständigkeit gegenüber dem mittelalterlichen "Objektivismus" abhebt und insbesondere scharf gegen die bei Descartes anhebende und im deutschen Idealismus sich fortsetzende neuzeitliche Philosophie abgrenzt. Aus dieser Perspektive gelingt es Grassi all die humanistischen Denkmotive freizulegen, die Vicos Protest gegen die Vorherrschaft des rein rationalen Methodenideals des Cartesianismus zugrundeliegen, den er vor allem in der Methodenschrift *De nostri temporis studiorum ratione* von 1708 im Namen philosophisch-praktischer Situations- und Lebensbewältigung vorträgt. Wenn Grassi diesen Protest jedoch zu einer "prinzipiellen Absage an jene Auffassung der cartesianisch verstandenen Wissenschaft, die ihr Modell in der Geometrie und Mathematik sieht", ausdeutet[50] und das Verhältnis Vico—Descartes als prinzipiellen Gegensatz zwischen einer "topischen Philosophie" (Vico) und einer "kritischen Philosophie" (Descartes) auffaßt, so begibt er sich damit zweifelsohne nicht nur in den Widerspruch zu Vico selbst, sondern auch zu den von ihm selbst im Anhang seines Buches "Marxismus und Humanismus" zitierten Texten Vicos. Nach Grassi will dieser das mathematisch-geometrische Modell der Wissenschaft durch eine neue Auffassung "ersetzen", indem er an Stelle der "Ratio" eine andere, neue Quelle des Wissens aufzuweisen versucht: *Ingenium* und Phantasie. Die prinzipielle Rolle des "Ingeniums" bei der Grundlegung eines neuen Modells der Wissenschaft besteht dabei, so Grassi, in der Funktion des "Findens"

---

[48] G. *Semerari*, Intorno all'Anticartesianismo di Vico, in: Omaggio a Vico (Collana di Filosofia X) Napoli 1968, S. 194—260, warnt daher zurecht vor einer unkritischen Auffassung des vicoschen Antikartesianismus, wie sie gemeinhin vorherrscht: "Certamente è semplicistico e sbagliato schematizzare i rapporti tra Vico e Cartesio nella forma di una elementare cóntrapposizione tale che, per essa, Vico negherebbe puntualmente ciò che Cartesio afferma o affermebbe ciò che Cartesio nega. I rapporti, al contrario, sono estremamente complessi . . . e Vico non può essere stimato come l'antagonista puro e semplice di Cartesio."

[49] E. *Grassi*, Vom Vorrang des Logos, München 1939; Vom Wahren und Wahrscheinlichen bei Vico, in: Kantstudien 1942/43; Vicos Kritik am Vorrang des Wissens, in: Verteidigung des individuellen Lebens, Bern 1946; Critical or Topical Philosophy, u. a. in: Vico in our time. An international Symposium, G. *Tagliacozzo/H. V. White* (ed.) Baltimore 1971, S. 39—59; Marxismus und Humanismus, Hamburg 1973, darin S. 152—178.

[50] E. *Grassi*, Marxismus und Humanismus, op. cit. 154.

(invenire) der Argumente für den rationalen Prozeß, denn die "Ratio" habe ja nur die Funktion des Schließens aus Prämissen, nicht aber des Findens von Prämissen. Deswegen unterscheide Vico die "induktive" Tätigkeit des Ingeniums von der "syllogistischen" bzw. deduktiven der Ratio, um dadurch die neue Grundlage der Erkenntnis — gegenüber dem Rationalismus — aufzudecken. Dieser These entsprechend könne Vico behaupten, "daß die mathematisch-geometrische Methode der Tätigkeit bzw. Verwirklichung des Ingeniums nicht entspricht." [51]

Daß dieses Verständnis Grassis nun jedoch nicht die Auffassung Vicos darstellt, wird augenfällig, wenn man die von Grassi selbst zitierte Kernstelle über das "Ingenium" aus dem *Liber metaphysicus* zum Vergleich heranzieht.[52] Funktion des Ingeniums, so heißt es dort, ist es, das "Zusammenmaß" der Dinge zu sehen (*videre rerum commensus*). Aus dieser Quelle stamme auch Wissenschaft und Wissen (*certe unde scientia, et inde scitum*), denn menschliche Wissenschaft heiße nichts anderes, als bewirken, daß sich die Dinge in schöner Proportion entsprechen (*scientia ipsa humana nihil aliud sit nisi efficere, ut res sibi pulchra proportione respondeant*), und dies könnten nur "ingeniöse" Menschen leisten. Deshalb seien die Geometrie und die Arithmetik am meisten erforscht unter den Wissenschaften, und die sie beherrschten, hießen deshalb "ingegneri".

Proportionen herstellendes Denken, Vico sagt es selber, ist doch nun allerdings mathematisches Denken, und das Ingenium, in dem dieses Denken den zitierten Aussagen zufolge seinen Ursprung hat, verfährt, indem es die commensus rerum sieht, selbst geometrisch. Freilich ist dies nicht der *mos geometricus* im Sinne des einzelwissenschaftlichen Verfahrens und insoweit, aber auch nur insoweit treffen Grassis Bemerkungen zu. Es ist vielmehr jenes Verfahren, das Vico den "*Metodo geometrico vero*" nennt, den er der von der Einzelwissenschaft der Geometrie abgenommenen analytisch-deduktiven Methode entgegenstellt. Dieser schließt jedoch jene nicht aus, er schließt sie ein. Funktion des "Ingeniums" bei Vico ist demnach, entgegen der Auffassung Grassis, nicht das "induktive" Finden von Argumenten für den rationalen Prozeß, sondern, wie die zitierten Textpassagen deutlich machen, die transzendentallogische Begründung geometrisch exakt verfahrender menschlicher Wissenschaft. Wir stehen aber hiermit bereits im Rücken von Descartes und befinden uns nicht mehr vor ihm oder ihm bloß gegenüber. Mit seiner antithetischen Gegenüberstellung von Topik und Kritik bleibt Grassi somit hinter der eigentlichen Leistung Vicos gerade zurück, der die spezifisch humanistischen Disziplinen ja gegen Descartes nicht einfach ausspielt — und dies wäre ohne Zweifel ein ohnmächtiges Unterfangen —, sondern der sie gerade dadurch vor dem Verdikt der neuzeitlichen Kritik zu retten sucht, indem er sie ü b e r die Schwelle dieser Kritik trägt und sie im Rücken von Descartes, d. h. vom methodologischen Gesichtspunkt der Neuzeit her neu begründet und wieder in ihre ursprüngliche Legitimität einsetzt. Dies ist das Programm der Neuen Wissenschaft, nämlich Philologie, im Sinne eines breiten Spektrums empirischer

---

[51] Ebd. 257.
[52] Bei *Grassi* ebd. 258/59.

Forschungsdisziplinen, der Philosophie wieder zu vermitteln, und diese Wissenschaft ist schon deshalb keine "prinzipielle Absage" an das neuzeitliche Wissenschaftsideal, wie Grassi meint, weil sie selbst *more geometrico vero* konstruiert ist.[53]

Die wahre geometrische Methode, die Vico anzielt, verfährt allerdings gleichsam "unmerklich". Wo sie sich geräuschvoll gibt, wo sie wie bei den Cartesianern alles in den analytisch-deduktiven Beweisgang des einzelwissenschaftlichen Verfahrens zwingen will, verfährt sie gerade nicht "ingeniös" und d. h. schöpferisch.[54] Der mos geometricus im Sinne des analytisch-resolvierenden Verfahrens kann nicht Grundlage der "Neuen Wissenschaft" sein, hier ist E. Grassi durchaus zuzustimmen; wohl aber — und hier sind Grassis Folgerungen dann allerdings nicht zu akzeptieren — der *metodo geometrico vero*, der ingeniös, nämlich synthetisch-herstellend verfährt. Dieser jedoch ist gemeint, wenn Vico von der Neuen Wissenschaft behauptet, sie erfülle ihre Aufgabe "primieramente tutto metafisico ed astratto nella sua idea" und in Erfüllung dieser Aufgabe müsse sich der menschliche Geist zurückziehen in einen "Zustand reiner Intentionalität, frei von jeder partikularen Form",[55] denn nur so erlangt er jene Freiheit, im Zuge dieser Wissenschaft gleichsam "im Hervorbringen dieser geschichtlichen Welt aus sich selbst heraus (produrre da sé) so zu verfahren, wie Gott im Hervorbringen der Welt der Natur." [56] Hier ist im *Ingenium* gegenüber dem ratio-

---

[53] Vgl. Scienza Nuova, Brani delle Redazioni, Opere IV–II, 173; sowie das Methodenkapitel in der Scienza Nuova Seconda von 1744.
[54] Sec. Risp. (1712) Opere I, 272: . . . tutte altre materie, fuori che noveri e misure, sono affatto incapaci di metodo geometrico. Cotal metodo non procede se non prima diffiniti i nomi, gli assiomi fermi, e convenuto nelle domande. Peró in fisica si hanno a diffinire cose e non nomi; non vi ha placito che non sia contrastato, né puoi domandar nulla dalla ritrosa natura . . . in fatti non far niuna forza alla mente col vero, ma lasciarla in tutta la libertá d'opinare, che avea avanti di udire cotali metodi strepitosi. Il *metodo geometrico vero* opera senza farsi sentire, ed, ove fa strepito, segno é che non opera. Zum Zusammenhang von *metodo geometrico vero* und *Ingenium* vgl. *Liber met.* VII/5; Opere I, 185: Nam methodus ingeniis obstat, dum consulit facilitati; et curiositatem dissolvit, dum providet veritati. Ne geometria acuit ingenium, cum methodo traditur (im Sinne des analytisch-einzelwissenschaftlichen Verfahrens, H. V.), *sed cum vi ingenii per diversa, per alia multiiuga, disparata in usum deducitur. Et ideo non analytica, sed synthetica via eam edisci desiderabam; ut componendo demonstraremus, hoc est ne inveniremus vera, sed faceremus.* (Hervorhebung von mir. H. V.)
[55] Brani delle Redazioni del 1730/1731/1733: Opere IV–II, 173: Primieramente ella (sc. La Scienza Nuova H. V.) fa il suo lavoro tutto metafisico ed astratto nella sua idea. Onde ti é bisogno, nel leggerla, di spogliarti d'ogni corpolenza e di tutto ció che da quella alla nostra pura mente proviene, e quindi per un poco addormentare la fantasia e sopir la memoria. Perché, se queste facoltá vi son deste, la mente non puó ridursi in istato d'un puro intendimento informe d'ogni forma particolare; per lo che non potravvi affatto indurvisi la forma di questa Scienza, e per tua colpa darai in quel'uscita:— che non s'intenda.
[56] Ebd. 190: Talché cosí in certo modo, la mente umana con questa Scienza procede a produrre da sé questo mondo di nazioni come la mente di Dio procede nel produrre il mondo della natura.

nalistischen Methodenideal Descartes' wie auch gegenüber der Substanzmetaphysik der aristotelisch-scholastischen Wissenschaftstradition in der Tat eine neue Grundlage der Wissenschaft aufgewiesen; diese erweist sich jedoch nicht lediglich schon in der induktiven Tätigkeit des "Findens" von Argumenten für den rationalen Prozeß, wie Grassi deutet, sondern sie offenbart sich in der Funktionalität schöpferischen Hervorbringens selber, in der Vico im Einklang mit den spekulativen Denkmotiven des Renaissanceplatonismus das "Wesen" des menschlichen Geistes erblickt. Und damit handelt es sich dann auch nicht um eine prinzipielle Absage an das neuzeitliche, am mathematischen Erkenntnisverfahren orientierte Wissenschaftsverständnis, als vielmehr gerade um dessen Bedingung und Ermöglichung und zwar im gleichen Zuge, in dem es Vico auch um die Ermöglichung der Geschichte als einer "humanen", nämlich eigenständigen, vom Menschen her aufgebauten wissenschaftlichen Disziplin geht.

Ähnlich wie E. Grassi sieht auch K. O. Apel in seiner breit angelegten Studie über die "Idee der Sprache in der Tradition des Humanismus von Dante bis Vico"[57] in dem Neapolitaner einen "Abschluß, wahrhaft die Eule der Minerva der italienischen Renaissancekultur", bezieht allerdings in diese Wertung auch jene spekulativen Denkansätze der platonischen Tradition mit ein, die bei Grassi etwas vernachlässigt scheinen.[58] Im Gegensatz etwa zu K. Löwiths Auslegung des vichianischen Grundaxioms von der Konvertibilität des *verum* und des *factum* kann für Apel heute kein Zweifel darüber bestehen, daß diese Formel "einem Topos der Renaissancephilosophie entspringt, der zu den grundlegenden Motiven der *'mathesis universalis'* sowie der i n s t a u r a t i o der neuzeitlichen Wissenschaft überhaupt gerechnet werden muß".[59]

Sicherlich zutreffend sieht Apel zwar in Vicos Auflehnung gegen die ungeschichtliche Wissenschaftskonzeption Descartes' "eine klassische Modellkristallisation der Geistesgeschichte", verkürzt deren Bedeutung jedoch zugleich wieder, wenn er meint, Vico bleibe im Zuge seiner Auseinandersetzung mit Descartes "zuletzt nur das historische Verstehen, eine 'Gegenreduktion' gewissermaßen gegenüber der logisch-mathematischen Sprachform"[60]. Auch diese Auslegung zeigt deutlich, daß hier die wissenschaftsfundierenden Überlegungen des *Liber metaphysicus* — Apel folgt hier weitgehend der Darstellung B. Croces — gar nicht in den Blick genommen sind. Dies gilt insbesondere für die grundlegenden Ausführungen Vicos über den Zusammenhang von Topik und Kritik im entscheidenden Kapitel VII/5 des *Liber metaphysicus*: *De certa facultate sciendi,* die Apel mit keinem Wort erwähnt, deren Beachtung aber sicherlich die auch von ihm vorgenommene antithetische Entgegensetzung von Topik und Kritik modifiziert und der Charakterisierung Vicos als "Erkenntnistheoretiker der dichterischen Weltkonstitution der Frühzeit" vorgebeugt hätte, die Apel aus dem angeblich

---

[57] In: Archiv für Begriffsgeschichte, Bd. 8, Bonn 1963.
[58] Vgl. dazu die wichtigen Hinweise Apels auf die Philosophie des Cusanus, ebd. 324 ff. Leider beläßt es Apel bei Hinweisen auf Parallelstellen, ohne sie eigentlich für die Deutung Vicos fruchtbar zu machen.
[59] Ebd. 321.
[60] Ebd.

bei Vico behaupteten Primat der Topik vor der Kritik herleitet.[61] Eine solche Auffassung mag sich noch aus einer isolierenden Deutung der Frühschrift Vicos von 1708 ergeben, die sich denn auch ausführlich bei Apel wie ja auch bei Grassi zitiert findet, die differenzierenden Reflexionen des *Liber metaphysicus* jedoch stehen ihr entschieden entgegen.[62] Man wird demgegenüber auch B. Liebrucks zustimmen, der andeutet — und leider beläßt es Liebrucks im wesentlichen bei der Andeutung —, "daß der Weg Vicos nicht zurückführe in die Bevorzugung der Topik vor einer sogenannten Dialektik, die besser Kritik hieße...", sondern "der Weg zu einer Dialektik (ist), die in der Topik schlummert"[63]; und man wird Liebrucks vor allem auch in seiner grundsätzlichen Kritik beipflichten, wenn er gegen die von Apel vorgetragene Deutung der Topik als "Weg zu den Prinzipien aller Wissenschaften"[64] betont: "Uns kann heute philosophisch keineswegs mehr mit einem Vorrang der Topik vor der formalen Logik gedient sein, falls dieser Weg im festgewachsenen Gestrüpp unserer philosophischen Tradition überhaupt noch zu bahnen wäre. Wir müssen zeigen können, wo die formale Logik ihre Grenze hat. Damit kehren wir nicht zu einer Topik zurück, die einem dunklen sprachschöpferischen Wirken die Bahn frei gäbe. Erst wenn die Topik auf einer nachformallogischen Ebene wieder in ihre Rechte eingesetzt werden kann, ist es auch erlaubt, bei Vico von einer Theorie des Mythos zu sprechen..."[65]

In Absetzung von den bisher skizzierten Interpretationen des vichianischen Denkens befaßt sich eine Reihe von Darstellungen vorwiegend philologisch-historischen Charakters unter dem bereits von G. Rossi formulierten Forschungsprogramm: vedere il Vico nel tempo del Vico[66] mit den aktualen Bezügen, die Vicos Denken mit den verschiedenen Positionen des zeitgenössischen Philosophierens verbinden. Es sei, so meint etwa A. Corsano, eine philologistische Illusion, den Zugang zu Vicos Gedankengebäude mithilfe einer Erforschung der ideengeschichtlichen Quellen des Neapolitaners zu suchen, was zwar zuweilen fruchtbar und aufschlußreich sein könne, im Endeffekt jedoch lediglich zu einer kaum mehr zu vereinheitlichenden Anhäufung möglicher Einflüsse und Abhängigkeiten Vicos führe, die eine gültige Deutung auf diesem Wege als hoffnungslos erscheinen lassen müsse. Die Philologie nämlich benötige gerade interpretatorische Gesichtspunkte und stelle sie nicht schon von sich aus bereit.[67] Trotz dieser Kritik geht nun Corsano jedoch seinerseits daran, besonders im Hinblick auf die *Orazioni inaugurali* Vicos und auf den *Liber metaphysicus* und unter weitgehender Vernachlässigung gerade der *Scienza Nuova* die Einflüsse zu untersuchen, die vom zeitgenössischen Denken aus in Vicos Philosophie eingehen. Auch er

---

[61] Ebd. 344 ff.
[62] Vgl. dazu unten S. 66 ff.
[63] *Liebrucks, B.*, Sprache und Bewußtsein, Bd. I, Frankfurt a. M. 1964, 258.
[64] *Apel*, op. cit. 164 f.
[65] *Liebrucks*, op. cit. 260.
[66] *G. Rossi*, Vico nei tempi del Vico, Pavia, 1900.
[67] *A. Corsano*, G. B. Vico, Bari 1956, 101.

kommt allerdings dabei über eine Anhäufung fragmentarischer Beobachtungen kaum hinaus und die systematische Absicht Vicos, die spekulative Konstruktion seines Gedankengebäudes bleibt gänzlich außerhalb des Blickfeldes. So verfehlt Corsanos Deutung gerade die für die Überlegungen des *Liber metaphysicus* grundlegende Differenzierung zwischen operationalem Verstandesdenken und begründendem Vernunftdenken, mit der Vico etwa einem Nominalismus hobbesischer Provenienz begegnet und aus diesem Grunde wird ihm ein großer Teil der Ausführungen Vicos schlechthin unverständlich und er sieht in ihnen wenig überzeugend lediglich eine beschwichtigende Funktion gegenüber den zerstörerischen Tendenzen einer nominalistischen Wissenschaftstheorie [68].

Vicos Werk zerfällt in dieser Sicht zu einem Konglomerat von mit Akribie erhobenen "analogie ciceroniane, agostiniane, scotistiche, umanistiche, tomistiche, cartesiane, gnosticofluddiane, cabalistiche, lockiane, leibniziane, ecc." [69], von dem nur schwer zu sehen ist, wie daraus jemals ein Verständnis der vichianischen Philosophie als solcher zu gewinnen sein sollte.

Im Gegenzug zu diesen mehr historisch-philologisch orientierten Forschungen zur Gedankenwelt Vicos dürfte nun für die philosophische Deutung des vichianischen Denkens eine Studie von entscheidender Bedeutung sein, die neuerdings S. Otto unter dem Titel "Die transzendentalphilosophische Relevanz des Axioms "verum et factum convertuntur" vorgelegt hat und die demnächst in französischer Übersetzung in den *Archives de Philosophie* erscheint.[70] Entschieden und überzeugend ordnet S. Otto Vicos Philosophie hier "in jene Tradition transzendentalphilosophischen, wissenschaftsfundierenden Denkens, die von Descartes über Kant und Fichte bis zu Husserl reicht — wenngleich Vico in diese Tradition eine ganz besondere und entscheidende Nuance einbringt, die nun ihrerseits den geschichtslosen Konstruktivismus sprengt, der sich ebenfalls bei Descartes, Kant, Fichte und Husserl aufweisen läßt".[71] Es sei hier abschließend auf diese Studie, die den Interpretationsansatz der vorliegenden Untersuchung im wesentlichen bestätigt und darüberhinaus die Relevanz der vichianischen Grundpositionen in dem größeren geistesgeschichtlichen Rahmen des modernen Philosophierens eindringlich vor Augen zu führen vermag, an dieser Stelle ausdrücklich verwiesen.

Da, wie der vorstehende Überblick ergeben hat, eine befriedigende Analyse der "Metaphysik" Vicos bislang noch aussteht, zugleich jedoch hier auch wesentliche Aufschlüsse für die Deutung des vichianischen Gesamtwerkes zu erwarten sind, so liegt, diesem Umstand Rechnung tragend, der Schwerpunkt der nach-

---

[68] Ebd. 136: Il Vico retrocede bruscamente verso una forma di monismo teosofico e cosmosofico ispiratogli dalle piú irrazionalistiche correnti del pensiero barocco. Unico contributo positivo appare quello di un acquetamento della coscienza turbata dalla eccessive concessioni all'arbitrarismo pramatico-convenzionale della epistemologia nominalistica.
[69] A. M. *Jacobelli-Isoldi*, G. B. Vico, La vita e le opere, op. cit. 454.
[70] Herr Professor Otto hat mir das Manuskript seiner Studie über Vico freundlicherweise noch vor der Drucklegung überlassen.
[71] *S. Otto*, unveröffentl. Maschinenmanuskript, S. 3.

folgenden Ausführungen hauptsächlich in dem Versuch eines genaueren Verständnisses gerade dieses verhältnismäßig frühen Werkes, in dem Vico der grundsätzlichen Orientierung seines Denkens entschiedenen Ausdruck verschafft und an dem er zeitlebens festhalten wird.[72] Dabei sind freilich die besonderen Schwierigkeiten, die gerade dieses Werk Vicos einer adaequaten Interpretation entgegenstellt, nicht zu verhehlen. Sie seien, soweit sie die äußeren Eigentümlichkeiten dieser Schrift betreffen, hier einleitend kurz angedeutet.

III. Zur Interpretation des *Liber metaphysicus*

Vicos *Liber metaphysicus* präsentiert sich im Gegensatz etwa zur literarisch anspruchsvollen Sprache der Scienza Nuova in einer geradezu formelhaft erstarrten Terminologie, die sich einem genauen Verständnis der in ihr niedergelegten Gedanken hemmend in den Weg stellt. Dieser Umstand, zusammen mit der asketischen, ganz auf den wesentlichen Gedanken konzentrierten Kürze des Werkes, war in der Tat ja auch mit ein Grund, daß diese Schrift Vicos schon zu seiner Zeit weithin auf Unverständnis stieß, wie die Rezensionen im "Giornale dei letterati d'Italia" zeigen, und was Vico auch in seinen beiden Entgegnungen auf diese Rezensionen beklagt.[73] Er selbst rechtfertigt die formelhafte Kürze seiner "Metaphysik" mit dem Hinweis, daß die Wissenschaft an sich schon die gewaltige Masse der Publikationen nicht vertrage, so daß eigentlich nur Bücher über wichtige Entdeckungen in der gelehrten Welt veröffentlicht werden sollten.[74] Dabei läßt er freilich keinen Zweifel daran, daß er seinen *Liber metaphysicus* in die Reihe der letzteren eingeordnet sehen möchte, und so erklärt er denn auch den venezianischen Kritikern des "Giornale dei letterati d'Italia" sein Bemühen um Kürze in diesem Werk, daß es für die wissenschaftliche Fachwelt geschrieben sei und man folglich nicht erwarten könne, daß alle der in diesem Werk vorgetragenen Thesen bis in ihre letzten Konsequenzen ausgeführt seien. Er möchte nicht zu den "voluminosi" gezählt, sondern in die Reihen derjenigen Gelehrten gestellt werden, "che non vogliono gravare l'ordine de' dotti di più fatica, ne obbligargli che, per legger alcune poche lor cose, abbiano a rileggere le moltissime che hanno già lette in altrui; e costoro mandan fuori alcuni picciol libricciuoli, ma tutti pieni di cose proprie. Io sonmi studiato esser in questa seconda schiera: se l'abbia conseguito, il giudizio é de' dotti".[75]

Stellt man dieses Bemühen Vicos und das Selbstverständnis, das sich in ihm ausdrückt, in Rechnung, so folgt für die Interpretation des *Liber metaphysicus* die nicht leichte Aufgabe, die grundlegenden Gedanken dieses Werkes allererst in ihre wesentlichen Implikationen auszufalten.

---

72 Vgl. *Croce*, Die Philosophie G. B. Vicos, op. cit. 114.
73 Die beiden Rezensionen aus dem "Giornale dei letterati d'Italia" sind abgedruckt in Opere I, 197–202 und 223–238.
74 Vgl. Autobiografia, Opere V, 31 f.
75 Prima Risp. (1711) Opere I, 215.

Diese Aufgabe wird allerdings noch zusätzlich dadurch erschwert, daß Vico seine eigentlichen Intentionen durch die Einkleidung seiner Gedanken in den Rahmen einer etymologischen Untersuchung der lateinischen Sprache eher verbirgt als offenlegt. Über den genauen Sinn dieser von Vico sorgsam verfolgten Absicht, seine eigene "Metaphysik" als eine auf diesem Wege wiederentdeckte "verborgene Weisheit" der alten Italiker auszugeben, herrschen in der Forschung bislang recht unterschiedliche Auffassungen.[76] Sieht man einmal von dem für Vico als Inhaber des Lehrstuhls für Rhetorik an der neapolitanischen Universität naheliegenden Motiv der Ausbreitung humanistischer Gelehrsamkeit ab, so dürfte eine einleuchtende Erklärung für diese eigentümliche Einkleidung seines Philosophierens zum einen wohl in Vicos Bestreben zu finden sein, auch äußerlich eine gewisse Distanz zur damals auch in Neapel herrschenden cartesianischen Philosophie zu dokumentieren. Zum anderen, und darin möchten wir den eigentlichen Grund sehen, schien es Vico wohl angesichts der allgegenwärtigen Inquisition geraten, die Ergebnisse seines Philosophierens in dem harmlos erscheinenden Gewand einer philologischen Spezialuntersuchung in die Öffentlichkeit gelangen zu lassen.[77] Die Tatsache, daß Vico sich nach der Publikation des *Liber metaphysicus* in einer öffentlichen Richtigstellung gegen den offensichtlich gegen ihn erhobenen Verdacht des Pantheismus zur Wehr setzen mußte, gibt der letzteren Vermutung ein besonderes Gewicht.[78]

Wie immer es mit dieser Frage im einzelnen bestellt sein mag, für die philosophische Interpretation des Werkes erweist sich diese Verbergung des eigentlichen Gedankens als besonderes Problem. Aus ihr entspringt jene eigentümliche Sprödigkeit, die diesem Werk anhaftet und die darin besteht, daß Vico seine Einsichten nicht in ihrem Entstehungsprozeß deutlich werden läßt, sondern sie, gleichsam in fertige Formeln gegossen, unvermittelt als Ergebnisse seiner etymologischen Forschungen präsentiert. Daß hierbei der Sprung von den philologischen Materialien zu den spekulativen Prinzipien seines eigenen Denkens, dem er oftmals den Anschein eines syllogistischen Schlußverfahrens verleihen möchte, in einen offensichtlichen hermeneutischen Zirkel mündet, liegt zu klar auf der Hand, als daß es von seinen Kritikern nicht hätte bemerkt werden können. Darauf hingewiesen, ist Vico denn auch durchaus bereit, die von ihm vorgelegten Thesen als Ergebnisse seines eigenen Nachdenkens zu bestätigen und damit

---

[76] Dazu vgl. *Jacobelli-Isoldi,* op. cit. 196 f.
[77] In Bezug auf das Wirken der Inquisition in Neapel weist *Corsano, A.* Umanesimo e religione di G. B. Vico, Bari 1935, auf die im Jahre 1693 in Neapel stattgefundenen Atheistenprozesse hin, in die auch Freunde Vicos verwickelt waren.
[78] Vgl. Sec. Risp. (1712); Opere I, 277: "Dichiarazione: Perché in questi miei libricciuoli di metafisica alcuno non possa con mente men che benigna niun mio detto sinistramente interpretare, metto insieme le seguenti dottrine sparsevi, dalle quali si raccoglie ció che professo: che le sostanze create, non solo in quanto all' esistenza, sono distinte e diverse dalla sostanza di Dio . . . Talché, essendo Dio altrimente sostanza, altrimente le creature, e la ragion d'essere o l'essenza essendo propria della sostanza, si dichiara che le sostanze create, anche in quanto all'essenza, sono diverse e distinte dalla sostanza di Dio."

den rein äußerlichen Charakter der philologischen Einkleidung seines Philosophierens aufzudecken.[79]

Die geschilderten äußeren Eigentümlichkeiten des *Liber metaphysicus* verlangen ein Interpretationsverfahren, das hinter die jeweilige Einkleidung der Gedanken auf deren intendierten philosophischen Sinn zielt: "*Oportet autem attingere sensum volentem potius supra verborum vim intellectum effere quam proprietatibus vocabulorum insistere . . .*" [80]

---

[79] Dies gilt auch für Vicos Berufung auf "Zenon" als den antiken Vertreter seiner eigenen Theorie des metaphysischen Punktes. Vgl. Sec. Risp. (1712), Opere I, 259: "Che se finalmente non volete ricevere questa sentenza come di Zenone, mi dispiace di darlavi come mia; ma pur la vi darò sola e non assistita da nomi grandi."
[80] *Cusanus*, Docta ign. I, 2.

ERSTES KAPITEL:
LIBER METAPHYSICUS UND SCIENZA NUOVA

I. Zur Problemstellung der "Metaphysik" Vicos

1. Neuzeitliche Wissenschaftsmethodik und philosophische Reflexion

Ein leitender Gesichtspunkt für die folgenden Überlegungen liegt in der Frage nach dem Verhältnis von Metaphysik und einzelwissenschaftlicher Erkenntnis, und dies heißt, bezogen auf die methodenbewußte Epoche, in der Vico seine Werke verfaßte, in der Frage nach dem Zusammenhang von konkreter Forschungsmethode und deren philosophischer Begründung in der Reflexion auf das, was in ihr je schon vorausgesetzt ist, ohne doch selbst noch ausdrücklicher Gegenstand einzelwissenschaftlicher Fragestellung zu sein. Diese Problemstellung tragen wir nicht von außen an das Werk Vicos heran, sondern finden sie dort auf einer hohen Reflexionsstufe bereits ausgebreitet vor. Sie rückt für Vico ins Zentrum seiner philosophischen Bemühungen, als er das Grundprinzip neuzeitlich-wissenschaftlicher Forschungsmethodik erkennt und der kritischen Reflexion unterwirft.

Einen ersten Ausdruck findet der damit eingeleitete Prozeß kritischer Besinnung in einer kleineren Schrift, die Vico im Jahre 1708 in Neapel veröffentlicht, einem Traktat über die Methode, der noch einmal das Thema jener umfassenden und heftigen Debatte des ausgehenden 17. Jhd., der "Querelle des anciens et des modernes" um die Überlegenheit der "Moderne" gegenüber der "Antike", aufgreift.[81]

Im zweiten Kapitel dieser Schrift findet sich in wenigen Sätzen zusammengefaßt, daß wir eben als Vicos Einsicht in das Grundprinzip neuzeitlich-wissenschaftlicher Forschungsmethodik bezeichnet haben.[82] Hier legt sich Vico die Frage vor, was denn im Bereich der Naturerkenntnis, der Physik also, die modernen Verfahren von denen der "Alten" unterscheide. Auch die Alten hätten ja z. B. Geometrie und Mechanik als Grundlagen der Physik verwandt. Der Unterschied könne also nicht schon in der Verwendung dieser Wissenschaften bei der Erforschung der Natur gesucht werden, und auch nicht darin, daß etwa die Mathematik inzwischen durch Descartes' Entdeckung der analytischen Geometrie be-

---

[81] Vgl. dazu H. *Rigault*, Histoire de la querelle des anciens et des modernes, Paris 1856; sowie C. *Perrault*, Parallèl des anciens et des modernes, Paris 1688–97; Neudruck München 1964.
[82] Zu Folgendem vgl. *G. B. Vico*, De nostri temporis studiorum ratione. Vom Wesen und Weg der geistigen Bildung, op. cit. S. 21 f.

trächtlich verfeinert und erweitert worden sei. Die Differenz — dies ist der entscheidende Punkt — bestehe vielmehr darin, daß nun das Erkenntnismodell der Mathematik zum Modell methodisch gesicherter Wissenschaftlichkeit überhaupt erhoben worden sei: "Ob die durch die Analysis weiter entwickelte Geometrie und die Mechanik neu zu nennen ist, haben wir nicht zu untersuchen; mit neuen und höchst genialen Erfindungen vervollkommnet, dient sie unseren Meistern; und um von diesen auf dem dunklen Pfad der Natur nie im Stich gelassen zu werden, haben sie die geometrische Methode in die Physik eingeführt; von ihr wie von einem Ariadnefaden geleitet, gehen sie den eingeschlagenen Weg zu Ende, und beschreiben die Kausalzusammenhänge, aus denen der allmächtige Gott das wunderbare Triebwerk der Welt gebildet hat, nicht mehr als tastende Naturphilosophen, sondern wie die Baumeister eines unermeßlichen Bauwerkes." [83]

Hiermit ist die grundlegende Differenz neuzeitlich-wissenschaftlicher Forschungsdynamik zur antik-mittelalterlichen Naturerkenntnis klar herausgestellt. Nicht lediglich die Entwicklung neuer oder die Verfeinerung bekannter Verfahren liegt hier zugrunde; es ist eine andere, eine neue Blickrichtung, gleichsam die Umkehrung der vormaligen Ausrichtung des Denkens auf den Gegenstand, die Vico hier diagnostiziert und die Kant dann, fast achtzig Jahre später, in der Vorrede zur zweiten Auflage der "Kritik der reinen Vernunft", als jene "Revolution der Denkart" beschreiben wird, durch welche die Naturwissenschaft, die so viele Jahrhunderte hindurch nichts weiter als ein bloßes Herumtappen gewesen sei, allererst in den "sicheren Gang einer Wissenschaft" gebracht worden sei.[84]

Erweist sich also solchermaßen nach dem Musterfall der mathematischen Erkenntnis dieses wunderbare Triebwerk der Welt (*haec admirabilis mundi machina*) als von unserem eigenen Denken als dem Architekten erstellt, finden sich die Konstruktionselemente dieses unermeßlichen Bauwerkes nirgendwo anders als in eben diesem Denken selbst, und ist schließlich gerade darin die

---

[83] Ebd. Übers. v. W. F. Otto.
[84] Vgl. Kr. d. r. V., Vorrede zur zweiten Auflage B XIII: "Als Galilei seine Kugeln die schiefe Fläche mit einer von ihm selbst gewählten Schwere herabrollen, oder Torricelli die Luft ein Gewicht, was er sich zum voraus dem einer ihm bekannten Wassersäule gleich gedacht hatte, tragen ließ . . . so ging allen Naturforschern ein Licht auf. Sie begriffen, daß die Vernunft nur das einsieht, was sie selbst nach ihrem Entwurfe hervorbringt, daß sie mit Prinzipien ihrer Urteile nach beständigen Gesetzen vorangehen und die Natur nötigen müsse, auf ihre Fragen zu antworten, nicht aber sich von ihr allein gleichsam am Leitbande gängeln lassen müsse; denn sonst hängen zufällige, nach keinem vorher entworfenen Plane gemachte Beobachtungen gar nicht in einem notwendigen Gesetz zusammen, welches doch die Vernunft sucht und bedarf . . . Und so hat sogar die Physik die so vorteilhafte Revolution ihrer Denkart lediglich dem Einfalle zu verdanken, demjenigen, was die Vernunft selbst in die Natur hineinlegt, gemäß, dasjenige in ihr zu suchen (nicht ihr anzudichten), was sie von dieser lernen muß, und wovon sie für sich selbst nichts wissen würde. Hierdurch ist die Naturwissenschaft allererst in den sicheren Gang einer Wissenschaft gebracht worden, da sie so viel Jahrhunderte durch nichts weiter als ein bloßes Herumtappen gewesen war."

Sicherheit, der "Ariadnefaden" unserer Erkenntnis verbürgt, dann ist allerdings über die Dinge an sich nichts mehr auszumachen. Was dem antik-mittelalterlichen Denken noch als Mannigfaltigkeit gestalteter da an sich bereits logoshaft strukturierter und deshalb auch prinzipiell in ihrem Wesen erkennbarer Wirklichkeit galt,[85] erweist sich nun als jener *"iter tenebricosum"*, jener dunkle Pfad der Natur, der erst im und durch den Zugriff des Denkens Kontur und Form gewinnt. Damit jedoch treten Erkennen und Wirklichkeit, Denken und Sein auseinander, denn wenn dieses "Triebwerk der Welt" von uns selbst konstruktiv erstellt ist und dessen Konstruktionselemente demgemäß in uns selbst liegen, dann gelten die Beweise, die wir in der Physik anstellen, auch nur und ausschließlich für diese konstruktiven Voraussetzungen, und lassen die Dinge an sich unberührt. Vico zieht hier die Trennungslinie sehr scharf. Er wendet sich gegen jene Gelehrten, die da behaupten, "ebendiese Physik, so wie sie sie lehren, sei die Natur selbst; und wo immer man sich hinwende, um das Universum zu betrachten, immer habe man diese Physik vor Augen",[86] und er deckt die dogmatische Struktur dieses Denkens auf, denn die angebliche Kongruenz von Denken und Sein, die in jener Rede unterstellt ist, erweist sich bei kritischer Betrachtung letztlich als Hypostasierung der logischen Stringenz mathematischer Beweisführung: "Deshalb sind diese Wahrheiten, die der Physik kraft der geometrischen Methode zukommen sollen, nichts als Wahrscheinlichkeiten, die von der Geometrie nur die Methode haben, nicht die Evidenz des Beweises. Das Geometrische

---

[85] So z. B. bei *Thomas von Aquin*, wo Erkenntnis gerade als Strukturierung des menschlichen Intellekts durch und von den Dingen her gefaßt ist. Vgl. Quaest. disp. De verit. I, q 1, a 2: "... intellectus speculativus, quia accipit a rebus, est quodammodo motus ab ipsis rebus, et ita res mensurant ipsum. Ex quo patet quod res naturales, ex quibus intellectus noster scientiam accipit, mensurant intellectum nostrum ... sed sunt mensuratae ab intellectu divino ... Sic ergo intellectus divinus est mensurans non mensuratus; res autem naturalis, mensurans et mensurata; sed intellectus noster est mensuratus, non mensurans quidem res naturales." Nur für den intellectus practicus gilt nach Thomas, daß er ist "mensuratio rerum quae per ipsum fiunt." Dies betrifft jedoch nur die "res artificales".
[86] De nostri temporis ... op. cit. IV, 38: "At inquiunt docti homines hanc eandem physicam, qua ipsi methodo docent, ipsam esse naturam." Diese Gelehrten meinen, so fährt Vico an dieser Stelle fort, man solle den Autoren dankbar sein, die uns das beschwerliche Geschäft, die Natur fürderhin zu betrachten, vom Halse genommen und dieses Haus so geräumig und so wohleingerichtet hinterlassen hätten. Jedoch, hält Vico entgegen, "wenn wirklich die Natur sich notwendig so verhält, dann mögen sie überschwenglichen Dank sagen; sollte sie aber anders beschaffen sein, sollte ein einziges Gesetz von der Bewegung unrichtig sein – um nicht zu sagen, daß sich schon mehr als eines als falsch erwiesen hat –, dann mögen sie zusehen, daß sie nicht nachgerade zu ihrem Schaden der Natur gegenüber so zuversichtlich sind und während sie an den Giebel des Hauses denken, die Fundamente des Hauses in gefährlicher Weise außer acht lassen." Vico begegnet also, wie dieses Passus zeigt, dem Absolutheitsanspruch der Naturwissenschaft mit der Hervorhebung des hypothetischen Charakters naturwissenschaftlicher Theorien. Vgl. dazu auch *Blake R. M. / Ducasse C. J.* u. a., Theories of Scientific Method. The Renaissance through the nineteenth Century, Washington U. P. 1966, pp. 22 ff.

beweisen wir, weil wir es hervorbringen; wenn wir das Physikalische beweisen könnten, würden wir es hervorbringen."[87]

Ist damit der Grundzug und zugleich die Unmöglichkeit jener Form dogmatisierender Weltbetrachtung aufgedeckt, so stellt sich freilich und gerade wegen der scharfsichtigen Deutlichkeit, in der die kritische Analyse des neuzeitlichen Erkenntnisideals die unüberbrückbare Differenz von Erkenntnis und Wirklichkeit, Denken und Sein enthüllt hat, die alte und ursprüngliche Frage der Philosophie nach deren Verhältnis in aller Schärfe aufs neue. Zeigt sich nämlich in der kritischen Reflexion dieses Verhältnisses, daß hier keine simple *Kongruenz* herrscht zwischen unserem Denken und der Welt, die wir denken, so läßt sich doch umgekehrt vielleicht die *Differenz* noch ausloten und genauer erfassen. Die Struktur und die eigentümliche Leistung des Denkens selbst gerät mit dieser Wendung ins Zentrum der philosophischen Reflexion und damit ist die Richtung bereits vorgezeichnet, in der sich die Erkenntnisanalysen der vichianischen "Metaphysik" weiterhin bewegen.

2. *Der transzendentale Problemansatz der Erkenntnisreflexionen Vicos*

In seiner autobiographischen Selbstreflexion beschreibt Vico rückschauend die entscheidende Wende seines Denkens, vor der ihm alle seine früheren philosophischen Bemühungen nur noch als unvollkommene Versuche erscheinen, seinen eigentlichen Intentionen adaequaten Ausdruck zu verleihen: "Aus den erwähnten Reden (gemeint sind die acht 'Orazioni inaugurali', die Vico zur Eröffnung der Studiensemester jeweils zu halten hatte. H. V.), insbesondere aus der letzten, sieht man deutlich, daß Vico einen ebenso neuen wie großen Gedanken im Geiste bewegte. Dieser bestand darin, alles menschliche und göttliche Wissen auf ein einziges Prinzip zurückzuführen. Aber alle bis dahin von ihm dargestellten Gedanken waren von diesem Prinzip noch zu weit entfernt."[88]

Vico will also göttliches und menschliches Wissen auf ein einigendes Prinzip zurückführen, wobei es ihm ohne Zweifel um eben jene Differenz von Denken und Sein, Erkennen und Wirklichkeit geht, die sich ihm aus der kritischen Analyse neuzeitlicher Wissenschaftsmethodik in aller Schärfe ergeben hatte. Diese Differenz kann nicht dogmatisch überbrückt werden; sie kann jedoch — und dies ist der eigentliche Anspruch der Philosophie Vicos, das "argomento e

---

[87] De nostri temporis ... op. cit. 40: "Quare ista physicae, quae vi methodi geometricae obtenduntur vera, nonnisi verisimilia sunt, et a geometria methodum quidem habent, non demonstrationem: geometria demonstramus, quia facimus; si physica demonstrare possemus, faceremus."

[88] Autobiografia, Opere V, p. 31: Fin dal tempo della prima orazione che si é rapportata, e per quella e per tutte le altre seguenti, e piú di tutte per quest'ultima, apertamente si vede che il Vico agitava un qualche argomento e nuovo e grande nell'animo, che in un principio unisse egli tutto il sapere umano e divino: ma tutti questi da lui trattati n'eran troppo lontani.

nuovo e grande", von dem er spricht –, auf ihr Prinzip zurückgeführt und in diesem ihrem eigentlichen, metaphysischen Grund verstanden werden. Daraus, und über diese Bedeutung des Gedankens sollte kein Zweifel bestehen, ergibt sich allererst ein zureichender Begriff von der eigentümlichen Leistung des Denkens selbst, das nun — so resümiert Vico zum Beschluß seiner "Metaphysik" von 1710[89] diesen Gedanken selbst — weder der Scylla des Dogmatismus, noch der Charybdis des Skeptizismus zu verfallen braucht: "*Habes ... metaphysicam humana imbecillitate dignam, quae homini neque omnia vera permittat, neque omnia neget, sed aliqua.*"[90]

Der genaue Sinn dieser Aussage wird noch im einzelnen zu prüfen sein. Eines freilich verdient hier bereits festgehalten zu werden. Es geht in den Erkenntnisreflexionen, die Vico unter dem Titel "Metaphysik" vorträgt, nicht lediglich um die Feststellung der Unzulänglichkeit des Denkens, Wirklichkeit vollständig zu erfassen. Schon gar nicht handelt es sich in ihnen um eine agnostizistische Erkenntnistheorie, wie manche Interpreten glaubten herauslesen zu dürfen.[91] Vielmehr und positiv geht es in diesen Überlegungen darum, den Grad dieser Unzulänglichkeit des Denkens, den eigentümlichen Grad an Gewißheit, der menschlicher Erkenntnis eigen ist, zu ermessen. Dazu allerdings bedarf es eines Maßstabes, der, soll er nicht lediglich ein behaupteter sein, wiederum nirgendwo anders aufgewiesen werden kann, als in eben diesem Denken selbst.

So führt die Suche nach dem Maß seiner selbst das Denken zurück in sich selbst, auch wenn sich zeigen sollte, daß es dabei über sich selbst hinausweist. "Metaphysik" wird in diesem Betrachte zur Untersuchung über "*i principi dell'umano sapere*",[92] wird transzendentalphilosophische Reflexion über die Bedingungen der Möglichkeit von Erkenntnis, von Wissenschaft überhaupt. Diesen Gedankengang und die Aufgabe, die von hier aus der "Metaphysik" zufällt, faßt Vico selbst in einem Satz zusammen, der die eigentliche Intention seines Philosophierens in aller Deutlichkeit herausstellt: "Die vollkommene Idee der Metaphysik ist jene, in der man das Sein und das Wahre, oder, um es in einem zu sagen, das wahre Sein bestimmt, und zwar nicht nur im Sinne eines ersten Wahren, sondern im Sinne des absoluten Wahren (l'unico Vero), dessen Betrachtung uns den Ursprung und das Kriterium für die nachgeordneten Wissenschaften enthüllt."[93]

Dieser dezidiert wissenschaftstheoretische Problemansatz skizziert die Reflexionsebene, auf der die Überlegungen des "Liber metaphysicus" einsetzen, und diesen Problemansatz gilt es demnach in allen seinen wesentlichen Aspekten

---

[89] Die "Metaphysik" bzw. der "Liber metaphysicus" bildet das erste und einzig erhaltene Buch der auf drei Bände konzipierten Abhandlung "De Antiquissima Italorum Sapientia Ex Linguae Latinae Originibus Eruenda Libri Tres" von 1710.
[90] Liber met., Conclusio; Opere I, 191.
[91] Vgl. *Corsano, A.*, G. B. Vico, Bari 1956, 135.
[92] Sec. Risp. (1712), Opere I, 257.
[93] Prima Risp. (1711), Opere I, 207: Idea compita di metafisica é quella nella quale si stabilisca l'ente e l'vero, e, per dirla in una, il vero Ente, talché non solo sia il primo, ma l'unico Vero, la meditazion del quale ci scorga all'origine e al criterio delle scienze subalterne.

und in seiner grundlegenden Funktion für die Struktur des vichianischen Philosophierens zu erfassen. Dabei ist nicht zu übersehen, daß die Frage nach dem Kriterium, nach dem absoluten Maßstab alles Erkennens, Philosophie und Wissenschaft grundsätzlich und radikal vor die Frage ihrer eigenen Möglichkeit bringt. Mit anderen Worten: wenn die absolute Wahrheit (l'unico Vero) alles Wahren (sc. der Wissenschaften) nicht erkennbar ist, dann ist nichts in Wahrheit erkennbar, denn die Wissenschaften — dies macht die geistesgeschichtlich wie systematisch so bedeutsame Analyse Platons (Politeia 510 b ff.) deutlich — sind aufgrund ihrer hypothetischen Struktur auf der Ebene ihrer eigenen Verfahrensweisen nicht intelligibel, d. h., sie vermögen ihren Wahrheitsanspruch nicht aus sich selbst bzw. aus dem Bezug zum jeweiligen Gegenstand der Erkenntnis zu sichern und zu legitimieren.[94] Erst die Umkehrung der Blickrichtung in der Frage nach dem Woher von Wahrheit oder Intelligibilität überhaupt löst das Denken aus dem einschichtigen Bezug von Subjekt und Objekt der Erkenntnis und damit aus dem Zirkel hypothetischer Setzung, enthüllt jedoch auch zugleich die Grenze, die menschlichem Erkennen aufgrund der eigenen Endlichkeit immer schon gezogen ist: der absolute Grund der Möglichkeit allen Wissens und Begreifens kann selbst nicht nach der Weise des Begründeten gedacht, kann selbst nicht wiederum Gegenstand begreifender Erkenntnis werden. Gott bzw. die Wahrheit selbst, die Gott ist, wie Vico im Anschluß an die augustinische und cusanische Gleichsetzung der Wahrheit mit Gott diesen Gedanken faßt,[95] ist nicht *via rationis* gegenständlich zu erfassen: "... *principio habemus, quod cum in uno Deo exacte verum sit, omnino verum profiteri debemus, quod nobis est a Deo revelatum; nec quaerere genus, quo modo verum sit, quod id omnino comprehendere nequeamus.*" [96]

Es kann kaum überraschen, daß gerade diese Formulierung Vicos zu Fehldeutungen und Mißverständnissen hinsichtlich der Zielrichtung der Überlegungen des *Liber metaphysicus* Anlaß geben konnte. So sieht etwa A. Corsano in ihr seine These eines "agnosticismo teologico-nominalistico" Vicos bestätigt[97] und auch K. Löwith spricht in diesem Zusammenhang von der "christlich-theologischen Prämisse" der vichianischen Erkenntnistheorie.[98] Beide Interpreten halten sich mit dieser Auslegung allerdings lediglich an die theologische Einkleidung des Gedankens und übersehen dabei, daß die theologisch-dogmatische Formulierung den philosophischen Kern dieser Überlegungen bei weitem nicht erschöpft.

---

[94] Vgl. Pol. 533 b—c.
[95] Vgl. *Augustinus*, Conf. VII, 10; *Cusanus*, De coni. I, 10: "veritas ipsa, quae deus est."
[96] Liber metaphysicus I, 2; Opere I, 133.
[97] *Corsano, A.*, op. cit. 105: "Ecco dunque l'agnosticismo fenomenistico del nominalismo hobbesiano confermarsi di quello teologico." Vgl. auch ebd. 135: "... la ribadita interpretazione nominalistica dei caratteri epistemologici e gnoseologici delle scienze esatte, contribuiscono a rendere inaccettabile tanto la interpretazione dell' idealismo neohegeliano quanto quella del realismo tomistico o ontologistico (Amerio, Carabellese). A meno di rinunziare a una intelligenza di questo pensiero, non appare accettabile altra interpretazione che quella agnostico — nominalistica."
[98] *Löwith, K.*, Vicos Grundsatz: verum et factum convertuntur. Seine theologische Prämisse und deren säkulare Konsequenzen, Heidelberg 1968; 10 ff.

3. Veritas praecisa: Vico und Cusanus

Der zentrale philosophische Gedanke der zuletzt zitierten Aussage Vicos offenbart sich in dem besonderen Aspekt, unter dem Vico Wahrheit denkt, dem Aspekt nämlich der Exaktheit, der Genauigkeit. Faßt man diesen Aspekt näher ins Auge, so wird bald deutlich, daß in ihm ein Angelpunkt der wissenschaftstheoretischen Reflexionen Vicos zu sehen ist, der nicht zuletzt auch die Modernität seines Denkens begründet. Mit der Idee des *verum exactum* nämlich formuliert Vico geradezu die Leitidee der neuzeitlichen exakten Wissenschaft, und von hier aus ist demgemäß auch die von B. Croce und E. Grassi so weitgehend verkannte Orientierung Vicos am Modell mathematischen Denkens neu in den Blick zu nehmen.[99]

Die philologisch und theologisch verschlüsselten Ausführungen Vicos an diesem zentralen Punkt seiner Überlegungen lassen sich am besten erhellen durch einen Hinweis auf die Grundlegung des Gedankens der präzisen Erfassung der Wahrheit, die sich in der Philosophie des Nikolaus Cusanus und dessen eindringender Auseinandersetzung mit der Substanz- und Wesensmetaphysik der aristotelisch-scholastischen Wissenschaftstradition vollzieht. Hier nämlich, an seinem Ursprung zu Beginn der Renaissance, findet sich ausgeführt, was Vico als "Vollender der Überlieferung der Renaissance"[100] in dem sehr knapp gehaltenen Aufriß seiner "Metaphysik"[101] offensichtlich bereits zugrundelegt. Bei Cusanus findet sich insbesondere auch die entsprechende philosophische Formulierung des Gedankens von der Unbegreifbarkeit der Wahrheit in und an ihr selbst, dessen philosophischen Sinn es auch hinter der theologischen Einkleidung Vicos zu erkennen gilt: "*Intellectus igitur, qui non est veritas, numquam veritatem adeo praecise comprehendit, quin per infinitum praecisius comprehendi possit.*"[102] Der endliche Geist, verdeutlicht Cusanus, verhalte sich zur Wahrheit, wie ein dem Kreis eingeschriebenes Vieleck, welches dem Kreis umso ähnlicher sein werde, je mehr Winkel es habe. Doch selbst, wenn man die Winkel unendlich vervielfache, werde das Vieleck dem Kreis niemals gleich werden, es sei denn, es löse sich in die Identität mit dem Kreis auf. Es sei also offenkundig, so formuliert Cusanus das Resultat dieser Überlegungen, daß wir über die Wahrheit nichts anderes wissen, als daß wir sie selbst in Genauigkeit, so wie sie ist, als unbegreiflich wissen: "*Patet igitur de vero nos non aliud scire quam quod ipsum praecise, uti est, scimus incomprehensibile.*"[103] Der Mangel an Genauigkeit in unserem Erkennen gründet also nicht lediglich in einer Nachlässigkeit, die zu beheben wäre, er liegt vielmehr, wie Cusanus mit dem Kreisbeispiel zeigen will, darin, daß das Erkennen die Wahrheit bzw. Erkennbarkeit einer Sache solange nicht erreichen oder erschöpfen kann, als es selbst von dieser Sache verschieden

---

[99] Dazu vgl. unten S. 69 f.
[100] *Grassi, E.*, Verteidigung des individuellen Lebens, Bern 1946, 107.
[101] Vgl. dazu Sec. Risp. (1712), Opere I, 250 f.
[102] De docta ign. I, 3.
[103] Ibid.

ist. "Das tatsächliche Erkanntsein eines Dinges", so kommentiert H. Wackerzapp den cusanischen Gedankengang, "(wird) immer noch von dessen weiterer Erkennbarkeit überragt. Erst in einem mit seinem Gegenstand identischen Intellekt kommen Erkanntsein und Erkennbarkeit völlig überein." [104]

Die entscheidende Formulierung dieser grundlegenden Einsicht gibt Cusanus in dem wichtigen dreizehnten Kapitel seiner Schrift *"De coniecturis"*: *"Nullum enim intelligibile, uti est, te intelligere posse conspicis, si intellectum tuum aliam quandam rem esse admittis quam intelligibile ipsum, solum enim intelligibile ipsum in proprio suo intellectu, cuius ens existit, uti est, intelligitur, in aliis autem omnibus aliter. Non igitur attingitur aliquid, uti est, nisi in propria veritate, per quam est. In solo igitur divino intellectu, per quem omne ens existit, veritas rerum omnium, uti est, attingitur, in aliis intellectibus aliter atque varie."* Solange der Denkgegenstand also seinem Ursprung nach vom Denken selbst geschieden ist, kann es keine adaequate Erkenntnis geben, oder umgekehrt: Allein dort, wo der Gegenstand in Gänze aus dem Denken selbst stammt, wo sich diesem gegenüber also nichts Äußerliches und Fremdes beimischt, ist auch die Wahrheit des Denkens verbürgt.[105]

Liest man nun die Ausführungen Vicos vor diesem Hintergrund des cusanischen Wahrheitsaxioms, so ist ihre Entsprechung augenfällig. Auch für Vico steht ja nach der oben angeführten Aussage fest, daß die Genauigkeit der Wahrheit dem endlichen Intellekt verschlossen bleibt: *". . . quod cum in uno Deo exacte verum sit . . . id omnino comprehendere nequeamus."* [106] Und ebenso wie Cusanus entdeckt auch Vico den eigentlichen Grund für die Ungenauigkeit unseres Denkens in dem Faktum, daß der menschliche Intellekt, weil selbst begrenzt und den Dingen äußerlich gegenüberstehend, die Möglichkeitsbedingung absoluter Genauigkeit der Erkenntnis, nämlich vollständige Deckungsgleichheit bzw. Identität, niemals erfüllen kann: *"Mens autem humana, quia terminata est, et extra res ceteras omnes, quae ipsa non sunt, rerum duntaxat extrema coactum eat, numquam omnia colligat."* [107] Allein in Gott also als dem *"infinitum omnium formarum principium"* [108] kommen Erkanntsein und Erkennbarkeit einer Sache völlig überein, denn für den *intellectus divinus* als *"exactissimum verum"* trifft zu, was als Möglichkeitsbedingung absoluter Genauigkeit der Erkenntnis aufgewiesen war, daß in ihm nämlich *"idem sit verum ac comprehensio elementorum omnium, quae hanc rerum universitatem componit . . ."* [109]

Die grundsätzliche Entsprechung im Problemansatz und in der Zielrichtung der Reflexion mündet schließlich in einer ihrem Sinngehalt nach übereinstimmenden Formulierung des Wahrheitsaxioms bei Cusanus und Vico. *"Solum*

---

[104] *Wackerzapp, H.*, Der Einfluß Meister Eckharts auf die ersten philosophischen Schriften des Nikolaus von Kues (1440–1450), Münster/Westf. 1962, 29 f.
[105] Zu dieser Deutung von De coniect. I, 13 vgl. *Schwarz, W.*, op. cit. 35 ff; sowie *Koch, J.*, Die ars coniecturalis des Nikolaus von Kues, Köln/Opladen 1956, 36 f.
[106] Liber met. I, 2; Opere I, 133.
[107] Liber met. I, 1; Opere I, 132.
[108] Liber met. III; Opere I, 150.
[109] Liber met. I, 1; Opere I, 132.

enim intelligibile ipsum in proprio suo intellectu, cuius ens existit, uti est, intelligitur" bzw.: *"Non igitur attingitur aliquid, uti est, nisi in propria veritate, per quam est"*, so hatte Cusanus ganz allgemein die Möglichkeitsbedingung wahrer Erkenntnis formuliert.[110] *"Et, ut uno verbo absolvam"*, so faßt Vico den nämlichen Grundgedanken seiner Überlegungen zusammen, *"ita verum cum bono convertitur, si quod verum cognoscitur, suum esse a mente habeat quoque a qua cognoscitur."* [111] Wahre Erkenntnis, adaequates Wissen gibt es demnach nur dort, wo der Erkenntnisgegenstand sein Sein in Gänze der Tätigkeit des Denkens verdankt, in der und durch die er erkannt wird, was voraussetzt, daß der Denkgegenstand seinen Ursprung ganz im Denken selbst hat und dort, in seinem Ursprung, mit diesem identisch ist — *"verum esse ipsum factum."* [112]

Legt man die skizzierten Überlegungen zugrunde, die in diese bekannte Formel Vicos einmünden, so ist schwer zu sehen, was man gegen sie sachlich einwenden kann, wenn wahre Erkenntnis überhaupt möglich sein soll. Wie anders sollte auch das Denken sonst erfassen, daß es seine Gegenstände wirklich erkannt hat, wenn nicht von eben jenem in jeder Erkenntnis vorausgesetzten Identitätspunkt aus, der allein es ermöglicht, Erkenntnis als solche, und sei es auch nur im annäherungsweisen, bruchstückhaften Sinne, von unbegründeter Behauptung zu unterscheiden. Vico, der die Gradualität, und das heißt, gerade die Abständigkeit unseres Wissens von der Wahrheit so sehr betont, formuliert in diesem Sinne mit Bedacht, wenn er die Identitätsbeziehung, der seine berühmte Formel Ausdruck verleiht, als "idea di vero" kennzeichnet, auf die der Ursprung aller menschlichen Wissenschaften als solcher zurückzuführen ist und im Hinblick auf die die Wissenschaften insgesamt nach dem in ihnen erreichten bzw. erreichbaren Grad der Konvertibilität von Denken und Gegenstand, von *verum* und *factum* zu klassifizieren sind.[113]

4. Zusammenfassung: Die Zielrichtung der Erkenntnisreflexion des Liber metaphysicus

Der Weg, bzw. die Fragerichtung, die Vico einschlägt, liegt damit klar zu Tage. Es ist der Weg der transzendentalen Reduktion. Vico fragt nach dem, was in jeder gegenständlichen Erkenntnis vorausgesetzt und unabdingbar gegeben sein muß, damit von Erkenntnis überhaupt die Rede sein kann. Möglichkeitsbedin-

---

[110] De coniect. I, 13.
[111] Liber met. I, 2; Opere I, 137; Vgl. dazu auch Prima Risp. (1711), Opere I, 207: "Primieramento stabilisco un vero che si converta col fatto, e cosí intendo il 'buono' delle scuole che convertono con 'l'ente'."
[112] Liber met. I, 1; Opere I, 131.
[113] Vgl. Prima Risp. (1711), Opere I, 208: "Formata questa idea di vero, a quella riduco l'origine delle scienze umane, e misuro i gradi della lor veritá, e pruovo principalmente che le matematiche sone le uniche scienze che inducono il vero umano, perché quelle unicamente procedono a simiglianza della scienza di Dio . . . Per la stessa via procedo a dar l'origine e 'l criterio delle altre scienze e dell' arti."

gung von Erkenntnis überhaupt, so hat sich gezeigt, ist Wahrheit als ursprüngliche Identität von Denken und Denkgegenstand bzw. Gott als das identische Prinzip von Sein und Erkennen. In diesem Sinne der logischen Vorgängigkeit ist Gott auch als der alles gegenständliche Erkennen ermöglichende Ursprung des Erkennens das *"primum"*, *"infinitum"* und *"exactissimum verum"*, welches die transzendentale Reflexion als die in jeder gegenständlichen Erkenntnis selbst unmittelbar anwesende transzendentallogische Hypothesis aufweist.[114]

Vico erläutert diese Zielrichtung seines Denkens durch einen Vergleich, der zugleich seine Affinität zur Tradition platonischen Denkens wie auch die transzendentalphilosophische Ausrichtung seiner Überlegungen sichtbar herausstellt. Die Klarheit des metaphysisch Wahren, so führt er aus, sei von der nämlichen Art wie jene des Lichtes, die wir nur durch den kontrastierenden Schatten erkennen. Sehe man nämlich intensiv und lange auf ein vergittertes Fenster, das Licht in einen Raum einlasse, und richte man dann das Augenmerk auf einen völlig dunklen Gegenstand, so scheine man nicht das Licht, sondern vielmehr ein leuchtendes Gitter zu sehen. In gleicher Weise nun sei das metaphysisch Wahre in sich selbst erhellt; durch keine Grenze werde es eingeschlossen und durch keine Form unterschieden; denn es selbst sei das unendliche Prinzip aller Formen. Das Natürliche (*physica*) sei gerade das Dunkle, nämlich Geformte und Endliche, in welchem wir das Licht des metaphysisch Wahren erfaßten: *"Ad hoc instar metaphysicum verum illustre est, nullo fine concluditur, nulla forma discernitur; quia est infinitum omnium formarum principium: physica sunt opacam nempe formata et finita, in quibus metaphysici veri lumen videmus"*.[115]

Licht ist die Möglichkeitsbedingung des Sehens, und da ohne Licht Sehen nicht möglich wäre, ist Licht gewiß. Aber es ist nicht selbst das Gesehene, noch ist es sichtbar, denn es liegt allem aktualen Sehen immer bereits voraus und ihm zugrunde und ist somit auch in allem Gesehenen immer schon unmittelbar anwesend. Erfaßt wird es selbst jeweils nur in der Modalität des Gesehenen und d. h., da es sich in diesem Beispiel um eine Erkenntnisweise handelt, als dessen transzendentallogische Hypothesis. Die Metapher vom erkenntnisermöglichenden Licht, die in abgewandelter Form in der Rede vom "Strahl der göttlichen Vor-

---

[114] Für den entsprechenden Gedanken bei Cusanus vgl. De coniect. I, 7: "Contemplare igitur mentis tuae unitatem per hanc absolutionem ab omni pluralitate, et videbis non esse eius vitam corruptibilem in sua unitate absoluta, in qua est omnia. Huius autem absolutae unitatis praecisissima est certitudo, etiam, ut mens omnia in ipsa atque per ipsam agat. Omnis mens inquisitiva atque investigativa non nisi in eius lumine requirit, nullaque esse potest quaestio, quae eam non supponat. Quaestio an sit nonne entitatem, quid sit quidditatem, quare causam, propter quid finem praesupponit? Id igitur, quod in omni dubio supponitur, certissimum esse necesse est." Zur Interpretation vgl. *Schwarz, W.*, op. cit. 51 f.; Schwarz hebt hervor, daß Gott hier nicht als Objekt des Denkens im Sinne eines dem Begriff korrespondierenden Wesens erscheine, sondern als die im Denken, im Sinne von jeglichem Begreifen vorausliegenden Strukturgesetzen alles Denkens, selbst unmittelbar anwesende transzendentallogische Hypothesis. "Gott ist logisches Prius" (53).
[115] Liber met. III; Opere I, 150; VI, 2; 159.

sehung" in der Scienza Nuova wiederkehrt [116] erweist sich in diesen Überlegungen in ihrer transzendentallogischen Begründungsfunktion. Nicht in der Welt der endlichen Dinge haben wir schon einfachhin den Bezugspunkt für die Wahrheitsfähigkeit unseres Denkens. Sieht man in ihr, wie es die aristotelische Substanzvorstellung nahelegt, lediglich ein nur Objektives, das dem Denken äußerlich gegenübertritt, so bleibt dieses sich seiner Wahrheit ungewiß, denn woher sollte ihm diese Gewißheit auch kommen? Vico erkennt in dieser Vorstellung geradezu das Indiz für die Selbstvergessenheit des menschlichen Geistes, eine Selbstvergessenheit, die die philosophische Reflexion gerade rückgängig zu machen hat, indem sie im Denken selbst den Ursprung erfaßt, der Wahrheit begründet. Unaufgehoben jedoch bleibt diese Selbstvergessenheit des Geistes auch da, wo man wie Descartes im Erkenntnisideal der *idea clara et distincta* bereits das Wahrheitskriterium für das Denken erblicken will, denn auch die Verstandeskategorien tragen ihren Sinn nicht schon in sich selbst, sondern verweisen zurück auf die Vernunfteinheit des menschlichen Geistes, eine Einheit allerdings, die jenseits des Bereiches kategorialer Feststellbarkeit und damit jenseits aller Verstandeserkenntnis liegt, wenngleich sie in deren methodischen Vollzügen doch auch immer schon vorausgesetzt und unmittelbar impliziert ist. Aristoteles wie Descartes, meint Vico daher, begehen den nämlichen Irrtum, denn beide handeln über die Gegenstände "con regola infinitamente sproporzionata".[117] Mit dieser Kritik wendet sich Vico betont gegen ein Verfahren, das die endliche Art des Denkens unkritisch auf seinen Gegenstand überträgt[118], sei es, daß man wie die Cartesianer metaphysische Sachverhalte mit einzelwissenschaftlichen Kategorien erfassen will oder sei es, daß man umgekehrt wie Aristoteles zur Vergegenständlichung metaphysischer Verhältnisse tendiert.[119] Vor allem aber haben wir auch

---

[116] Scienza Nuova Sec., Idea Dell' Opera, Opere IV: "Il raggio della divina provvedenza". Ibid. 393: Cosí questa nuova scienza, o sia la metafisica, al lume della provvedenza divina meditando la comune natura delle nazioni . . . "; ibid. I, 2; Degnitá CXIII: "Il vero delle leggi é un certo lume e splendore di che ne illumina la ragion naturale"; und öfter.
[117] Prima Risp. (1711), Opere I, 216.
[118] Dies ist ja auch die kritische Funktion der "docta ignorantia" des Cusanus. Vgl. dazu *Wackerzapp, H.*, op. cit. 47.
[119] Prima Risp. (1711); Opere I, 218; Liber met. IV, 2: Opere I, 158. Wir geben hier den entsprechenden Passus aus der Seconda Risposta (1712); Opere I, 261 wegen seiner grundlegenden Bedeutung vollständig wieder: ". . . certi cartesiani, che con l'aspetto di fisici guardano le metafisiche cose, per atti e forme finite, cioé non credono esser luce se non dove ella riflette: vizio per diametro opposto a quello degli aristotelici, che guardano le cose fisiche con aspetto di metafisici, per potenze e virtú, e cosí credono esser luce quelle cose che sono opache. Noi ci sforziamo guardarle con giusti aspetti, le fisiche per atti, le metafisiche per virtú." (Es folgt ein Zitat aus Liber met. IV, 2.) "Non vidit haec Aristoteles, quia metaphysicam recta in physicam intulit: quare de rebus physicis metaphysico genere disserit per virtutes et facultates. Non vidit Renatus, quia recta physicam in metaphysicam extulit, et de rebus metaphysicis physico genere cogitat, per actus et formas. Utrumque vicio vertendum! Noi ci abbiamo frapposto la geometria, che é l'unica ipotesi per la quale dalla metafisica in fisica si discende."

keine klare und deutliche Idee von Gott oder der Wahrheit selbst, denn Unendliches ist für endliches Denken immer nur in hypothetischer Setzung zu erfassen, d. h. es kann, um einen Gedanken von Cusanus hier nocheinmal aufzugreifen, immer nur aenigmatisch, gleichnishaft gewußt werden.[120]

Vico, dem es um eine objektivere Erfassung der Wirklichkeit gerade aus dem Bewußtsein um die Grenzen des Erkennens geht, ist gerade in diesem entscheidenden Punkt seiner Überlegungen immer wieder und bis heute von seinen Interpreten und Kritikern mißverstanden worden, wobei es sich konkret und in der Hauptsache um ein Mißverständnis handelt bezüglich der Problemstellung seiner Reflexion über die Grenzbegriffe des *"punctum"* und des *"momentum"*, die in seine Theorie des "metaphysischen Punktes" zusammenlaufen.[121] In seiner Entgegnung auf die Einwände seiner cartesianisch eingestellten Kritiker im "Giornale dei letterati d'Italia", in der er sich im übrigen auch darüber beklagt, daß speziell dieses Kernstück seiner "Metaphysik" so wenig Beachtung gefunden habe,[122] weist Vico selbst auf dieses Mißverständnis nachdrücklich hin. So begegnet er dem Einwand, er lasse seinen entscheidenden Begriff des metaphysischen Punktes undefiniert, und dieser Umstand hülle den gesamten Traktat in einen sozusagen handgreiflichen Nebel: "Ihr begnügt euch nicht mit einem Ähnlichkeitsbild, sondern möchtet die Idee selbst definiert haben. Jedoch, die Metaphysik läßt eine andere Betrachtungsweise ihrer Gegenstände nicht zu. Ist

---

[120] De Beryllo VI. Der grundlegende Gedanke dieses kurzen Kapitels in De beryllo kehrt bei Vico in genauer Entsprechung wieder. Man müsse, so führt Cusanus aus, den Ausspruch des Hermes Trismegistos beachten, der Mensch sei ein zweiter Gott. Denn so wie Gott der Schöpfer der entia realia und der formae naturales sei, sei der Mensch der Schöpfer der entia rationis und formae artificiales. Diese seien nichts anderes als Ähnlichkeit seines Denkens, so wie alles von Gott Geschaffene eine Ähnlichkeit (similitudines) des intellectus divinus sei. "Ideo homo habet intellectum, qui est similitudo divini intellectus in creando. Hinc creat similitudines similitudinum divini intellectus, sicut sunt extrinsecae artificiales figurae similitudines intrinsecae naturalis formae. Unde mensurat suum intellectum per potentiam operum suorum et ex hoc mensurat divinum intellectum, sicut veritas mensuratur per imaginem. Et haec est aenigmatica scientia."
Es ist augenfällig, daß dies gleichsam die Umkehrung der Auffassung bedeutet, die Thomas v. Aquin in Quaest. disp. de verit. I, q1, a2 vertritt (vgl. oben Anm. 8). Das Tertium comparationis zwischen Gott und Mensch liegt für Cusanus *in creando*. Der menschliche Intellekt ist nicht von den Dingen her begrenzt, wie bei Thomas, sondern durch die Reichweite seiner Schöpferkraft, und diese findet ihre Grenze bei den entia rationis und den formae artificiales, wohingegen die Gottes bis zur Konkretion der Dinge geht. In der Struktur der Beziehung zu seinen eigentümlichen Gegenständen erfaßt der endliche Intellekt gleichnishaft das Verhältnis der entia realia zum göttlichen Intellekt. Er erfaßt es jedoch immer nur in den Grenzen seines eigenen Erkennens. Sein Wissen bleibt gleichnishaftes, aenigmatisches Wissen.
[121] Vgl. Liber met. IV, 2; Opere I, 152 ff.
[122] Prima Risp. (1711), Opere I, 215: ". . . perché il soggetto della nostra metafisica sono i punti metafisici, e voi avrete stimato poco o nulla appartenervi, onde nel ragguaglio ve ne passate seccamente, dicendo: 'ragiona de' punti metafisici, né altra parola ne fate; perciò a voi forse avrà paruto un'idea. Ma in questa maniera che io fo, parlano gli uomini, non le cose."

sie deshalb also dunkel? Sie ist vielmehr gerade deswegen so klar wie das Licht ... Das angemessene (proporzionato) Mittel, um in physischen Sachverhalten das Licht der Metaphysik zu gewahren, stellt allein die Mathematik."[123]

Diese Entgegnung Vicos stellt klar, worum es in seinen Überlegungen geht. Sie sind jedenfalls nicht — dies war der Irrtum des venezianischen Kritikers — als gegenstandsbezogene Reflexion zu verstehen. Wer sie dennoch und trotz der zitierten Entgegnung Vicos als solche verstehen möchte, kommt wohl bald dazu, wie B. Croce, Vicos Theorie des metaphysischen Punktes der Originalität eines "phantastischen und willkürlichen Denkens" zuzuschreiben, das "kosmologische und physikalische Romane" erfindet.[124] Sieht man jedoch genauer zu, so zeigt sich in der Sorgfalt, mit der Vico von der "Hypothese" des metaphysischen Punktes spricht,[125] die eigentliche, transzendentale Problemstellung der hier infrage stehenden Überlegungen. Sie stellen ein Denkmodell vor, das um die Auflösung der Aporie bemüht ist, die sich einstellt, wo der Versuch unternommen wird, Unendlichkeit im Endlichen, d. h. als hypothetische Setzung endlichen Denkens fassen zu wollen.[126] So gesehen, enthüllt sich erst der philosophische Sinn der Reflexionen Vicos über die angedeuteten Grenzbegriffe und es wird die systematische Bedeutung erkennbar, die der Theorie des metaphysischen Punktes im Gesamtzusammenhang des vichianischen Philosophierens zukommt, eine Bedeutung, die sich auch an dem Versuch der "Scienza Nuova" noch ablesen läßt, eine "vernunftgegründete Theologie der göttlichen Vorsehung in der Geschichte" bzw. "einen Beweis der Vorsehung als historische Tatsache" zu geben.[127]

Erkennt man weiterhin die transzendentale Problemstellung, die der vichianischen Theorie des metaphysischen Punktes zugrundeliegt, so kommt auch die wissenschaftstheoretische Funktion in den Blick, die mit dem Begriff des "metaphysischen Punktes" angezeigt ist, und unter diesem Aspekt erweisen sich Vicos

---

[123] Sec. Risp.; Opere I, 261: Vorreste nel definirla idee proprie, non simili. Ma la metafisica non ci permette di mirar le sue cose altrimente. Perció dunque é oscura? Anzi perció ella é chiara quanto la luce ... Il mezzo proporzionato per mirare nelle fisiche cose la metafisica luce sono le sole matematiche.

[124] *Croce B.*, Die Philosophie G. B. Vicos, op. cit. 119 f.

[125] Vgl. Liber met., Conclusio, Opere I, 191: "Atque ita esse in metaphysica genus rei quae est virtus extensionis et motus, et iniquis sive extensis sive motibus aequa subest; idque punctum metaphysicum esse, hoc est rem quandam, quam ex hypothesi puncti geometrici contemplemur."

[126] Vgl. Liber met. IV, 2; Opere I, 158: "Quo autem pacto infinitum in haec finita descenderit, si vel Deus nos doceret, assequi non possemus: quia id verum mentis divinae est, quod et nosse et fecisse idem. Mens autem humana finita est et formata; ac proinde indefinita et informia intelligere non potest, cogitare quidem potest." Dazu Prima Risp., Opere I, 211: "... talché il punto geometrico sia un esempio o somiglianza di questa metafisica virtú, la quale sostiene e contiene il disteso, e perció ... fu, 'punto metafisico' nominata; peroché, con questa similitudine, e non altrimente, possiamo ragionare dell'essenza del corpo, perché non abbiamo altra scienza umana che quella delle matematiche, la qual procede a simiglianza della divina."

[127] Scienza Nuova Sec. I, 4, Opere IV: "Laonde cotale Scienza dee essere una dimostrazione, per cosí dire, di fatto istorico della provvedenza."

Überlegungen dann als notwendiges Ingrediens einer Wissenschaft, die freilich nicht mehr nach dem "Wesen" der Dinge fragt, sondern die, ihrer Absolutheitsansprüche entbunden, als funktionale Wissenschaft dann allererst auch "exakte" Wissenschaft sein kann.[128] In diesem Sinne kann Vico von seiner "Metaphysik" sagen, sie sei der experimentierenden Naturwissenschaft dienlich: *"Habes . . . metaphysicam humana imbecillitate dignam . . . experimentali physicae, quae nunc cum ingenti humani generis fructu excolitur, ancillantem."* [129]

II. Philosophische Theorie der Geschichte: Die "Neue Wissenschaft"

1. *Die Grundthese der "Neuen Wissenschaft" Vicos*

Fassen wir zunächst noch einmal die grundlegende Einsicht ins Auge, die in Vicos berühmter Formel von der Konvertibilität des *"verum"* und des *"factum"* zum Ausdruck kommt. Wahre Erkenntnis, so hatte Vico im Anschluß an Cusanus formuliert, ist dort möglich, wo der Erkenntnisgegenstand sein Sein in Gänze der Tätigkeit des Denkens verdankt, in der und durch die er erkannt wird. Wissenschaft, die dieser Bedingung genügt, wird sich selbst verstehen als transzendentale Reflexion, als Analyse der Genesis der Gegenstände aus der Tätigkeit des Denkens: *". . . scientia sit cognitio generis, seu modi, quo res fiat, et qua, dum mens cognoscit modum, quia elementa componit, rem faciat."* [130] Möglichkeitsbedingung solcher Wissenschaft ist es, daß sich der Ursprung des Gegenstandes im Denken selbst muß aufweisen lassen, und ihr Kriterium ist, daß der Gegenstand in Gänze der Tätigkeit des Denkens entstammt. Beides sieht Vico im Fall der mathematischen Gegenstände verwirklicht und daraus resultiert die grundlegende Bedeutung, die dem Modell des mathematischen Denkens in seiner Philosophie zukommt. Beim Modell des mathematischen Denkens jedoch bleibt es nicht allein. Auch die Geschichte, dies ist die große Entdeckung der "Scienza Nuova", ist der transzendentalen Analyse zugänglich, denn auch für Geschichte gilt, was als Möglichkeitsbedingung wahrer Erkenntnis aufgewiesen war: ihre Prinzipien lassen sich in den Modifikationen unseres eigenen menschlichen Geistes auffinden: "Doch in dieser Nacht voller Schatten, die für unsere Augen das entfernteste Altertum bedeckt, erscheint das ewige Licht, das nicht untergeht, von jener Wahrheit, die man in keiner Weise in Zweifel ziehen kann: daß diese historische Welt ganz gewiß von den Menschen gemacht worden ist: und darum können (denn sie müssen) in den Modifikationen unseres eigenen menschlichen Geistes ihre Prinzipien aufgefunden werden." [131]

---

[128] Dazu vgl. *Rombach, H.*, Substanz, System, Struktur, Bd. I, Freiburg/München 1965, 219 ff.
[129] Liber met., Conclusio; Opere I, 191.
[130] Liber met. I; Opere I, 132.
[131] Scienza Nuova Sec. I, 3, Opere IV.

Diese Entdeckung, das Bewußtsein von ihrer Tragweite ist in der erregten Leidenschaftlichkeit ihrer Formulierung deutlich zu verspüren [132], erlaubt es Vico erst, die Geschichte wieder zurückzuführen in die "Form der Wissenschaft", aus der sie Descartes bekanntlich nicht nur faktisch, sondern auch programmatisch ausgeschlossen hatte.[133] Diese Entdeckung erst bringt auch Licht in die beklagte Dunkelheit der Ursachen und die unendliche Vielfältigkeit der Wirkungen in der Geschichte, deretwegen die Philosophie, wie Vico sagt, bisher gewissermaßen einen Abscheu gehabt habe, davon zu handeln.[134] Diese Entdeckung weist inmitten eines immensen Ozeans von Zweifelhaftigkeiten auf jenes einzige Stückchen Land, auf das man seinen Fuß setzen kann [135] und von dem die Historiker und die Philosophen ihren Ausgang hätten nehmen müssen, nämlich von der "Metaphysik" als der Wissenschaft, "die ihre Beweise nicht von außen herholt, sondern aus dem eigenen Geist des Untersuchenden; denn in ihm mußten sie — wie wir oben gesagt haben — die Grundprinzipien der historischen Welt, die ja ganz gewiß von den Menschen geschaffen worden ist, aufzufinden suchen." [136]

2. Das Grundproblem der "Neuen Wissenschaft"

Man hat die von Vico mit großer Emphase vorgetragene Versicherung, der Mensch könne die geschichtliche Welt erkennen, weil er selbst ihr Schöpfer sei, und deshalb auch in ihr immer nur seiner eigenen geschichtlichen Wirklichkeit begegne, als die zweite und eigentliche Form der vichianischen Erkenntnistheorie gedeutet [137] und sie als erkenntnistheoretische Grundlegung der "Scienza Nuova" [138] oftmals einfachhin wiederholt, ohne damit doch jemals über den Anschein vordergründiger Plausibilität, der der Versicherung Vicos anhaftet, wesentlich hinauszukommen. Die Frage nämlich, die sich bei kritischer Betrachtung der zitierten Aussagen Vicos einstellt, muß doch gerade lauten: Wie gelangt der Mensch dazu, sich selbst als Schöpfer der geschichtlichen Welt zu begreifen?

---

[132] Vgl. die sehr eingehende stilistische Analyse von *Auerbach, E.* Sprachliche Beiträge zur Erklärung der Scienza Nuova von G. B. Vico, jetzt in: Auerbach, E., Gesammelte Aufsätze zur romanischen Philologie, Bern/München 1967, 251–258.
[133] Innerhalb der Wissenschaftsidee der "mathesis universalis" mit ihrem einheitlichen methodischen Ideal der idea clara et distincta hat die Geschichte keinen Platz. Vgl. u. a. Regulae ad directionem ingenii, III, 2.
[134] Scienza Nuova Sec. Idea Dell'Opera; Opere IV. 9.
[135] Scienza Nuova Prima I, 11, Opere III, 29: "Perché tutte queste dubbiezze, insieme unite, non ci possono in niun conto porre in dubbio questa unica veritá, la quale dee esser la prima di sí fatta Scienza, poiché in cotal lunga e densa notte di tenebre quest'una sola luce barluma: che 'l mondo delle gentili nazioni egli é stato pur certamente fatto dagli uomini. In consequenza della quale, per sí fatto immenso oceano di dubbiezze, appare questa sola picciola terra dove si possa fermare il piede: che i di lui princípi si debbono ritruovare dentro la natura della nostra mente umana e nella forza del nostro intendere."
[136] Scienza Nuvoa Sec. II, 1, 1; Opere IV–I, 145.
[137] Vgl. *Croce, B.*, op. cit. 17 ff.
[138] Vgl. *Auerbach, E.*, op. cit. 251.

Man braucht diese Frage nur aufzuwerfen, um zu sehen, daß von ihrer Beantwortung die ganze Argumentation Vicos abhängt. Zugespitzt formuliert, ließe sich etwa sagen: Vicos These, der Mensch könne die Geschichte erkennen, weil er selbst der Schöpfer dieser geschichtlichen Welt sei, bleibt solange bloße Behauptung, als unklar bleibt, wie sich der Mensch als geschichtliches Wesen und zugleich als Schöpfer der geschichtlichen Welt zu begreifen vermag. Dies ist das eigentliche Kernproblem der Scienza Nuova in ihrem für die Gegenwart wichtigsten Aspekt als einer formalen Theorie der Geschichte,[139] ein Problem, das in der Konstruktion dieser Theorie selbst von Anfang an impliziert ist und das auch nicht mit dem Hinweis auf den humanistischen Protest Vicos gegen den rationalistischen Subjektivismus Descartes' aufzulösen oder zu umgehen ist. Von hier aus muß sich letztlich, wenn überhaupt, der anspruchsvolle Titel einer "Neuen" Wissenschaft begründen lassen und von hier aus muß sich auch ein Verständnis gewinnen lassen für die, wie Vico sagt, "neue kritische Kunst", die bis dahin gefehlt habe und mit der nun in diesem Werk die Philosophie daran gehe, die Geschichte zu prüfen.[140]

Um diesen entscheidenden Punkt noch einmal ganz klar herauszustellen: das eigentliche Problem der Scienza Nuova hat noch nicht erfaßt, wer die zitierte These Vicos unkritisch bereits als erkenntnistheoretische Grundlegung des gesamten Werkes akzeptiert. Dieses liegt vielmehr den zitierten Formulierungen voraus und besteht darin, den Menschen einerseits als immer schon in der geschichtlichen Wirklichkeit sich vorfindendes Wesen, und andererseits eben diesen Menschen zugleich auch als Instanz der Erkenntnis von Geschichte zu erfassen, den menschlichen Geist also in seiner Geschichtsüberlegenheit und möglichen Distanz, d. h. Freiheit gegenüber der Geschichte zu denken, aus welcher allein er sich selbst als Schöpfer dieser geschichtlichen Welt erst zu begreifen vermag.

3. *Geschichtliche Verflochtenheit und reflexive Distanz*

Daß Vico die soeben umschriebene Leistung in seiner "Scienza Nuova" erbracht sieht, macht ein Passus deutlich, in dem er sie eigens beschreibt. Es sei erstaunlich,

---

[139] Die Relevanz der "Scienza Nuova" für die Gegenwart liegt zweifelsohne in der in ihr entwickelten Theorie der Geschichte und nicht, wie M. Horkheimer meint, in den empirischen Untersuchungen. Vgl. *Horkheimer, M.*, Die Anfänge der bürgerlichen Geschichtsphilosophie, jetzt: Hamburg 1971, 70 ff.; *E. Auerbach*, Giambattista Vico und die Idee der Philologie, in: op. cit. 236 f. weist daraufhin, daß Vico zu seiner Zeit "weder urgeschichtliches noch altorientalisches noch ethnographisches Material der primitiven Völker zur Verfügung (stand)", und daß selbst das Mittelalter fast unbekannt war. Vico, so Auerbach, "gewinnt fast alles aus den Daten, die ihm die klassische Altertumskunde der Spätbarockzeit lieferte."

[140] Scienza Nuova Sec., Idea Dell'Opera; Opere IV: "Oltracciò, qui si accenna che in quest'opera, con una nuova arte critica, che finor ha mancato... la filosofia si pone ad esaminare la filologia (o sia la dottrina di tutte le cose le quali dipendono dall'umano arbitrio, come sono tutte le storie delle lingue, de' costumi e de' fatti cosí della pace come della guerra de' popoli."

so bemerkt er, scheinbar beiläufig seine philosophische von jeder heilsgeschichtlichen Betrachtungsweise der Geschichte abhebend, daß sich alle Philosophen bisher mehr um die Wissenschaft von der Welt der Natur bemüht hätten, die Gott geschaffen habe und die daher auch allein von ihm erkannt werden könne, und vernachlässigt hätten, über die historische Welt nachzudenken, die die Menschen erkennen könnten, weil sie die Menschen geschaffen hätten. Diese erstaunliche Tatsache, so meint Vico, finde ihre Erklärung in jener "miseria della mente umana", daß er nämlich, aufgeschluckt und begraben vom Körper, von Natur geneigt sei, nur die körperlichen Dinge wahrzunehmen, und daß er daher einer allzugroßen Anstrengung und Mühe bedürfe, um sich selbst zu begreifen; so wie das körperliche Auge zwar alle Gegenstände außer sich sehe, aber des Spiegels bedürfe, um sich selbst zu erblicken.[141]

Der Zusammenhang dieses Passus macht deutlich, daß Vico hier ohne Zweifel eben die Leistung seines Denkens beschreibt, aus der sich ihm erst die Einsicht in die Wissenschaftsfähigkeit der Geschichte ergab, die dann konkret in die "Form der Wissenschaft" zurückzuführen, ihm mühevolle fünfundzwanzigjährige Forschungsarbeit abverlangte, eine Arbeit, die freilich Ergebnisse zeitigte, von denen man wohl zurecht sagen konnte, es werde "immer denkwürdig bleiben, wie das Genie eines Menschen solche Erkenntnisse aus so unzureichendem Material schöpfen konnte."[142] In welchem Umstand liegt nun aber die Zugänglichkeit der Geschichte für die wissenschaftliche Erkenntnis begründet? Die Auskunft, der Mensch selbst sei der Schöpfer der geschichtlichen Welt, ist hier, wie sich gezeigt hat, nicht ausreichend, denn es muß ein Weg angegeben werden können dafür, wie sich der menschliche Geist selbst als Schöpfer dieser geschichtlichen Welt zu begreifen vermag.

Im Rahmen dieser Problemstellung erweist sich nun erst die grundlegende Bedeutung der Rede Vicos von der "Armut des menschlichen Geistes", die er zu überwinden habe, um sich selbst zu begreifen. In der gleichsam nur äußerlichen Wahrnehmung seiner selbst, das besagt dieser Gedanke, sieht sich der menschliche Geist immer nur innerhalb konkreter Leiblichkeit, begrenzt und bestimmt unter anderen begrenzten und bestimmten Dingen. Erst die Überwindung dieser seiner natürlichen Neigung, in der äußerlichen Wahrnehmung seiner selbst zu verharren, erst in der Rückbesinnung auf sich selbst also, gelangt der menschliche Geist zur Erkenntnis seiner selbst, zur Erkenntnis seiner selbst, so dürfen wir im Sinnzusammenhang der Argumentation interpretieren, auch und gerade als Schöpfer der geschichtlichen Welt, in die eingebettet und verflochten er sich in der nur äußerlichen Betrachtungsweise wahrnimmt. "Der menschliche Geist ist", so findet sich dieser Gedanke an anderer Stelle bündig formuliert, "durch die Sinne,

---

[141] Scienza Nuova Sec. I, 3; Opere IV: "Il quale stravagante effetto é provenuto da quella miseria . . . della mente umana, la quale, restata immersa e seppellita nel corpo, é naturalmente inchinata a sentire le cose del corpo e dee usare troppo sforza e fatiga per intendere se medesima, come l'occhio corporale che vede tutti gli obbietti fuori di sé ed ha dello specchio bisogno per veder se stesso."

[142] *Auerbach, E.*, Giambattista Vico und die Idee der Philologie, in: op. cit. 237.

von Natur geneigt, sich selbst außerhalb, im Körper, zu sehen; erst mit großer Schwierigkeit gelangt er vermittels der Reflexion dazu, sich selbst zu erkennen": "La mente umana é inchinata naturalmente co' sensi a vedersi fuori nel corpo; e con molto difficultá per mezzo della riflessione ad intendere se medesima." [143]

Die Kompaktheit dieser Formulierung gilt es kommentierend aufzulösen. Der menschliche Geist, wiederholt Vico den oben angeführten Gedanken, neigt natürlicherweise dazu, sich selbst nur nach seiner empirischen Seite hin wahrzunehmen, sich also in äußerlicher Betrachtungsweise seiner selbst immer nur in konkreter physischer Wirklichkeit gleichsam vorzufinden. Was nun vermittelt diese Betrachtungsweise, welches ist der Inhalt dieser nur äußerlichen Wahrnehmung des menschlichen Geistes von sich selbst? Diese Betrachtungsweise, so erklärt Vico, und damit befinden wir uns wieder im Umkreis der grundlegenden Überlegungen seines *Liber metaphysicus*, vermittelt nichts anderes als das, was eben den Grundzug aller phänomenalen Wirklichkeit ausmacht: kontinuierliche Veränderung.[144] *"Idem ipse mihi videor; sed perenni accessu et decessu rerum, quae me intrant, a me exeunt, quoque temporis momento sum alius."* [145] Äußerlich und allein nach seiner empirischen Seite hin betrachtet, so können wir die erste Hälfte jener zitierten Formulierung der Scienza Nuova kommentierend auffüllen, löst sich die Vorstellung des menschlichen Geistes von sich selbst, als des in aller Veränderung sich durchhaltenden identischen Subjekts der Veränderung, auf in einen kontinuierlichen Wechsel von Empfindungen und die dauernde Verschiedenheit successiver Vorstellungsinhalte. Auf der Ebene der bloßen Wahrnehmung seiner selbst erfährt er sich in jedem Zeitmoment als ein anderer. In der äußerlichen Sicht seiner selbst, in seiner konkreten Leiblichkeit (fuori nel corpo) sieht sich der menschliche Geist in seiner spezifischen Geschichtlichkeit.

Bei diesem Moment allein, die Struktur der Argumentation macht es bereits deutlich, kann es freilich nicht bleiben. Damit sich nämlich der menschliche Geist in jedem Zeitmoment überhaupt als ein anderer erfahren kann, wie Vico sagt, ist neben bzw. in der Verschiedenheit immer auch schon seine Identität gefordert. Diese Identität freilich ist dem menschlichen Intellekt niemals durch die bloße Wahrnehmung seiner selbst verbürgt, sondern sie schließt — darauf verweist die zweite Hälfte des hier zur Erklärung stehenden Satzes der "Scienza Nuova" — eine eigentümliche Leistung des Denkens in sich. Erst in der "Umkehr" des Denkens, in der Reflexion auf sich selbst, gelangt der menschliche Geist demnach über die Erfahrung der Nicht-Identität, d. h. auch und gerade der eigenen Geschichtlichkeit, hinaus zur Erkenntnis seiner selbst als dem aller geschichtlichen Erfahrung zugrundeliegenden und sie erst ermöglichenden Ursprung, er erkennt sich selbst in seiner Transzendentalität gegenüber aller phänomenal-geschichtlichen Faktizität: "Der menschliche Geist", so faßt Vico diesen Gedanken zusam-

---

[143] Scienza Nuova Sec. I, 2; Opere IV; Übers. von Auerbach, E., Die neue Wissenschaft..., op. cit. 38.
[144] Liber met. IV, 5; Opere I, 164: "Nam sane quae cuiusque rei naturalis propria forma est, cum omni temporis momento ei accedat aliquid, vel decedat? Quare forma physica nihil aliud nisi continens rei mutatio est."
[145] Liber met. IV, 4; Opere I, 162.

men, "wird wie ein Spiegel des göttlichen Geistes: und daher denkt er das Unendliche und Ewige. Deshalb ist der menschliche Geist auch nicht begrenzt vom Körper und daher auch nicht von der Zeit, die durch Körper gemessen wird."[146]

Erst aus dieser, im reflektierenden Rückgang auf sein eigenes Denken ermöglichten Distanz des menschlichen Geistes zur Geschichte, wird der Satz sinnvoll, der Mensch sei der Schöpfer dieser geschichtlichen Welt. Er wird es in dem Maße, als der menschliche Geist als transzendentale Einheit von *sensus, phantasia, memoria* und *intellectus*,[147] in seiner logischen Priorität gegenüber aller phänomenal-geschichtlichen Wirklichkeit erfaßt ist, die geschichtliche Welt sich also auch als der transzendentallogischen Untersuchung zugänglich erweist.

Versteht sich die "Neue Wissenschaft" nun als transzendentallogische Untersuchung, so müssen ihre Forschungen in der Tat da einsetzen, wo ihr Stoff beginnt. Sie müssen von einer, wie Vico sagt, "volksmäßigen Metaphysik" ausgehen und aus ihr den schreckensvollen Gedanken an irgendeine Gottheit erforschen, der den bestialischen Leidenschaften der vorgeschichtlichen Menschen "Form und Maß" gab und sie so erst zu "menschlichen Leidenschaften" umschuf, wie sie dem "uomo civile", dem Bürger des "mondo civile" eigentümlich sind.[148] Halten wir den Kerngedanken dieses schwierigen Passus der "Scienza Nuova" ausdrücklich fest: "Il pensiero pose modo e misura", das Denken setzt Form und Maß, und in dieser maß- und formgebenden Funktion erweist sich der menschliche Geist als konstitutiv für die geschichtliche Welt. Die Prinzipien des "mondo civile" können in der Tat aufgefunden werden "dentro le modificazioni della nostra medesima mente umana."[149]

4. *Zusammenfassung*

In ihrem Zusammenhang gesehen, machen die skizzierten Überlegungen wohl deutlich, mit welchem philosophischen Scharfblick und mit welcher Sicherheit Vico im ersten Anlauf gleichsam die Grundprobleme jeder formalen Geschichtstheorie erfaßt.[150] Soll Erkenntnis von Geschichte überhaupt möglich sein, so ist als erste Bedingung die Gleichartigkeit von Subjekt und Objekt der Erkenntnis

---

[146] Liber met. VII, 1; Opere I, 175: La mente umana viene ad essere come uno specchio della mente di Dio: e perció pensa l'infinito ed eterno, e quindi la mente umana non é terminata da corpo e in consequenza non é anche terminata da tempo.
[147] Sec. Risp. (1712); Opere I, 162.
[148] Scienza Nuova Sec. I, 4; Opere VI–I, 124.
[149] Vgl. oben S. 47 f.
[150] Zur aktuellen Diskussion um die Problematik einer formalen Theorie der Geschichte und einer Kritik der historischen Vernunft vgl. *S. Otto*, Zur Philosophie konkreter und kritischer Subjektivität, in: Phil. Jahrbuch 79 (1972) 362–373. — Zum Desiderat einer Kritik der historischen Vernunft und zur Theorie der Autobiographie, in: Studia humanitatis (Festschr. f. E. Grassi) E. Hora/E. Keßler (Hrsg.) (1973) 221–235. — Die Kritik der historischen Vernunft innerhalb der Denkfigur des hegelschen Vernunftschlusses. Zur Begründung einer Systemtheorie von Geschichte und Geistesgeschichte, in: Phil. Jahrbuch 81 (1974) 30–49.

gefordert, d. h., die einer Theorie der Geschichte zugrundezulegende philosophische Anthropologie kann nicht ansetzen bei einem in der Kategorie der Substanz gedachten "Wesen" des Menschen, dem die Geschichtlichkeit lediglich als akzidentelle Bestimmung zukäme. Wilhelm Dilthey konnte sich in diesem Zusammenhang zurecht auf Vico berufen, wenn er feststellte, die erste Bedingung für die Möglichkeit der Geschichtswissenschaft liege darin, daß ich selbst ein geschichtliches Wesen bin, daß der also, welcher die Geschichte erforsche, derselbe sei, der die Geschichte macht.[151]

Es hat sich freilich auch gezeigt, daß diese Bedingung allein und für sich genommen nicht zureicht, denn es muß klargemacht werden können, wie der Mensch seine Geschichtlichkeit nicht nur "erleben",[152] sondern wie er sie erkennen kann. Von hier aus wäre Dilthey ebenfalls mit Vico entgegenzuhalten: Bedingung der Möglichkeit der Erkenntnis von Geschichte ist, daß ich selbst ein geschichtliches Wesen bin, und zugleich aber auch, daß ich in dieser Bestimmung nicht aufgehe. Die eigentliche philosophische Leistung Vicos liegt so gesehen darin, daß er die geschichtliche Verfaßtheit des Menschen transzendentalphilosophisch soweit aufklärt, bis eben jene mögliche Distanz und Freiheit des menschlichen Geistes gegenüber der Geschichte in den Blick kommt, aus der heraus allein Erkenntnis von Geschichte möglich erscheint, Erkenntnis, die sich zur Aufgabe stellt, "die besonderen Arten, wie die Dinge entstanden sind . . ." was soviel ist wie ihre "Natur" "zu erklären", denn "dies ist die eigentlichste Aufgabe der Wissenschaft."[153]

---

[151] *Dilthey, W.*, Gesammelte Schriften Bd. VII, Leipzig/Berlin 1927, 278.
[152] Vom "Erlebnis" als der kleinsten geschichtlichen Einheit geht W. *Dilthey* aus. Vgl. Gesammelte Schriften VII, 27 f.; sowie 230.
[153] Scienza Nuova Sec. I, 4; Opere IV: . . . se ne spiegono le particolari guise del loro nascimento, che si appella 'natura', ch'é la nota propissima della scienza.

ZWEITES KAPITEL
AUSEINANDERSETZUNG MIT DESCARTES

Eine Interpretation des vichianischen Philosophierens, die die kritische Intention dieses Denkens nicht aus dem Blick verlieren will, sieht sich zunächst vor der Aufgabe, Vicos vielbehandelte Auseinandersetzung mit Descartes und der cartesianischen Philosophie neu und möglichst unvorbelastet durch das so vielfältig variierte Interpretationsklischee eines prinzipiellen Gegensatzes beider Denker [154] auf ihren sachlichen Ertrag hin zu untersuchen. Geht es dabei also weder um den unbedingten Nachweis der Originalität und Genialität Vicos, noch um die Einbettung seiner Philosophie in eine wie immer vorgefertigte systematische Perspektive, so ist auf diese Weise vielleicht die notwendige Distanz gewonnen, aus der das Verhältnis Vicos zu Descartes über doktrinäre Entgegensetzungen hinaus in seiner ursprünglichen Vielschichtigkeit und Differenziertheit wieder deutlich zu werden vermag. Vico, so läßt sich hier durchaus zeigen, ist nicht nur und nicht ausschließlich der Gegner, er ist zunächst und vor allem auch der Erbe jener von Descartes so radikal vollzogenen, "kategorialen Revolution" [155] des philosophischen Denkens, die so einschneidende Maßstäbe wissenschaftlicher Vergewisserung und kritischer Selbstverständigung gesetzt hatte, daß es in der Tat nur schwer vorstellbar ist, ein Denker hätte sich in den hundert Jahren nach Descartes' Tod dem beherrschenden Einfluß und der tiefgreifenden Wirkung, die von dem methodischen Grundgedanken der cartesianischen Philosophie ausging, ernsthaft entziehen können. Die großen wissenschaftlichen Debatten jener Zeit, deren krisenhafte Züge der Historiker Paul Hazard so meisterhaft aufgezeigt hat,[156] erweisen denn auch überall, in welch starkem Maße Descartes' Denken das Selbstverständnis jener Epoche mitgeprägt hat, vermochte auch die systematische Geschlossenheit seiner Philosophie sich schon bei den unmittelbaren Nachfolgern nicht mehr zu behaupten.

Die Radikalität der philosophischen Problemstellung, die sich in dem selbstbewußt-anspruchsvollen Titel der "Neuen Wissenschaft" Vicos ankündigt, läßt sich entsprechend wohl nur dann adaequat erfassen, wenn man sie von dem in der cartesischen Philosophie formulierten Erkenntnisanspruch her versteht, alles philosophisch-wissenschaftliche Wissen auf den Grund unmittelbarer und apodiktischer Erkenntnis zurückführen und aus ihr absolut begründen zu können.

---

[154] Vgl. u. a. *Croce, B.*, Die Philosophie G. B. Vicos, op. cit. 1; *Grassi, E.*, Marxismus und Humanismus. Zur Kritik der Verselbständigung von Wissenschaft, Hamburg 1973, 154.
[155] Vgl. *Von Leyden, W.*, Seventeenth Century Metaphysics, 2London 1971, 4 f.
[156] *Hazard, P.*, La Crise de la Conscience Européenne 1680–1715, Paris 1935, dt. übers. von H. Wegener, Hamburg 1939.

I. Das Cartesische Erkenntnismodell

Der systematische Aufbau einer rationalen, in all ihren Einzelzügen absolut begründeten Universalwissenschaft, wie ihn Descartes anstrebte und für den er in den "*Regulae ad directionem ingenii*" und im "Discours de la méthode" das methodische Instrumentarium entwickelt hatte, setzte die Möglichkeit einer Erkenntnis voraus, die in ihrer unmittelbaren Evidenz jeden Zweifel, ja jede erdenkliche Möglichkeit des Zweifels ausschließen mußte. Descartes erreicht dieses "*fundamentum inconcussum*" in den "*Meditationes*" bekanntlich dadurch, daß er in einer radikalen Kritik aller seiner bisherigen Überzeugungen schließlich die Geltung aller aus geschichtlicher sowie sinnlicher Erfahrung entstammenden Wissens einschließlich aller bestehenden Wissenschaften als grundsätzlich der Möglichkeit des Zweifels unterworfen außer Kraft setzt, um schließlich in der unmittelbaren Selbstgewißheit des Zweifelsaktes jenen "festen und unbeweglichen archimedischen Punkt" aller Erkenntnis [157] zu gewinnen, an dem man nicht mehr zweifeln kann, da sich damit der Zweifel selbst aufheben würde.

Damit schien nach scheinbar nicht mehr überbietbarer kritischer Anstrengung jenes "erste Prinzip allen philosophischen Wissens" gefunden, das selbst die ausgefallensten Unterstellungen der Skeptiker nicht mehr zu erschüttern in der Lage sein konnten: "Et remarquant que cette vérité: je pense, donc je suis, était si ferme et si assurée, que toutes les plus extravagantes supposition des sceptique n'étaient pas capables de l'ebranler, je jugeai que je puvais la recevoir, sans scrupule, pour le premier principe de la philosophie, que je cherchais." [158]

Aus dieser ersten wahren und gewissen Erkenntnis gewinnt Descartes in einem nächsten Schritt dann die Merkmale des wahren und gewissen Urteils und damit die axiomatische Grundlage seiner Methode der *idea clara et distincta*, als deren allgemeine Regel (règle général) gilt, "que les choses que nous concevons fort clairment et fort distinctement, sont toutes vrais." [159] Alle diese Sachverhalte, die das Merkmal der völligen Klarheit und Eindeutigkeit aufweisen und dementsprechend unmittelbar evident sind (*ideae clarae et distinctae*), bilden in ihrer Gesamtheit den Bereich der ersten Prinzipien allen wissenschaftlichen Erkennens. Die ganze Kunst der Methode — und dem dienen die bereits von Galilei so erfolgreich angewandten Methodenschritte der Resolution und der Komposition — besteht nun darin, philosophisch-wissenschaftliche Erkenntnis so zu organisieren, daß alle Erkenntnisgegenstände in einen strengen Deduktionszusammenhang gebracht und somit in diesem Zusammenhang erkannt werden können. Darin liegt, wie Descartes sagt, das Geheimnis der Methode, daß "*omnes res per quasdam series posse disponi, non quidem in quantum ad aliquod genus entis referuntur, sicut Philosophi in categorias suas diviserunt, sed in quantum unae ex aliis cognosci possunt, ita ut, quoties aliqua difficultas occurrat, statim advertere*

---

157 Vgl. Meditationes II, 1.
158 Discours de la methode IV, 1.
159 Discours de la methode IV, 3.

possimus, utrum profuturum sit aliquas alias prius, et quasnam, et quo ordine perlustrare." [160] Hat man diese Leistung erbracht und hat man, wie die Regula VI es vorschreibt, alles in der "Außenerfahrung" Erfaßte (*effectus, compositum, particolare, multa, inaequale, dissimile, obliquum, etc.*) auf intuitiver Selbsterfahrung unmittelbar zugängliche klare und eindeutige Ideen (*simplex, universale, unum, aequale, simile, rectum, etc.*) resolviert und aus diesen ohne Sprünge und Inkonsequenzen wiederum deduziert, so ist damit jene durch die Sicherheit und die Präzision der Methode verbürgte cognitio certa et evidens erreicht, aus der sich Wissenschaft aufbaut.

Soll dieser Aufbau nun in der rechten Weise durchgeführt werden, so ist es vor allem erforderlich, eine sorgfältige Problemauswahl vorzunehmen, d. h. nur solche Gegenstände als wissenschaftsfähig zu bearbeiten, die auch tatsächlich in den exakten Beweisgang der Methode einzugliedern und damit auch vor das Kriterium unmittelbarer und apodiktischer Evidenz zu bringen sind, an dem sich Wahres vom Falschen scheidet.[161] Dementsprechend sind dann nach Descartes auch alle bloß wahrscheinlichen Erkenntnisse aus der Wissenschaft auszuscheiden: "*Atque ita per hanc propositionem rejicimus illas omnes probabiles tantum cognitiones, nec nisi perfecte cognitis, et de quibus dubitari non potest, statuimus esse credendum.*"[162] Der Bereich der bloß wahrscheinlichen Erkenntnisse, der solchermaßen aus dem Reich der Wissenschaft verwiesen wird, umfaßt nicht nur alle historischen Erkenntnisse, also Geschichte, sondern auch das ganze Feld ethisch-praktischen Handelns – beide haben es offenbar mit Irreduziblem und Konkretem zu tun, das nicht auf den Exaktheits- und Gewißheitsanspruch nur in unmittelbarer, gegenwärtiger Evidenz erreichbarer logischer Eindeutigkeit resolvierbar erscheint.[163] Auch die Wissenschaften in ihrer überlieferten Form verfallen dem cartesischen Verdikt des bloß Wahrscheinlichen, gibt es doch, wie Descartes beobachtet, in ihnen kaum eine Frage, über die nicht schon die gegensätzlichsten Meinungen geherrscht hätten.[164] Eine Ausnahme bilden allein Arithmetik und Geometrie, die aufgrund ihres logisch-axiomatischen Aufbaus mit dem Gewißheitsanspruch der Methode übereinkommen.[165] Am Beispielsfall des mathematischen Erkenntnisverfahrens, das Descartes bekanntlich selbst mit der Entwicklung der analytischen Geometrie beträchtlich

---

[160] Regulae ad directionem ingenii, Reg. VI, 1.
[161] Vgl. Reg. II.
[162] Reg. II, 1.
[163] Daher ja auch schon die Zurückweisung der Exaktheitsforderung im Bereich der Handlungswissenschaften bei *Aristoteles*, Nic. Eth. I, 1, 1094 b. Vgl. dazu auch *Kuhn, H.*, Der Begriff der Prohairesis in der Nikomachischen Ethik, in: Die Gegenwart der Griechen im neueren Denken (= Festschrift für H. G. Gadamer), Tübingen 1960 (123–140) 130 ff.
[164] Regulae ad directionem ingenii, Reg. II, 2: Vix enim ulla in scientiis quaestio est, de qua non saepe viri ingeniosi inter se disserint.
[165] Reg. II, 5: Ex quibus evidenter colligitur, quare Arithmetica et Geometria caeteris disciplinis longe certiores existant: quia scilicet hae sola circa objectum ita purum et simplex versantur, ut nihil plane supponant, quod experientia reddderit incertum, sed totae consistunt in consequentiis rationabiliter deducendis.

erweitert hatte, lassen sich entsprechend modellhaft die Strukturmerkmale ablesen, die den systematischen Aufbau der neuen Universalwissenschaft (*mathesis universalis*) hinfort methodisch leiten sollten: "*Jam vero ex his omnibus est concludendum, non quidem solas Arithmeticam et Geometriam esse addiscendas, sed tantummodo rectum veritatis iter quaerentes circa nullum objectum debere occupari, de quo non possint habere certitudinem Arithmeticis et Geometricis demonstrationibus aequalem.*" [166]

In solcher Weise war nun in Grundzügen, mit deren grob schematischer Skizzierung es hier zunächst sein Bewenden haben kann, das Modell einer neuen Wissenschaft entworfen und allgemeingültig begründet, die sich vor allen überlieferten Formen der Wissenschaft und auch vor allen anderen Formen menschlicher Welterschließung gerade durch ihre in radikaler "Erkenntniskritik" erhärtete Rationalität, d. h. absoluten Begründbarkeit all ihrer Einzelschritte auszeichnen sollte. Die Durchschlagskraft, mit der diese Wissenschaft sogleich zu epochaler Wirkung kam, mag als Indiz dafür genommen werden, daß sich in Descartes' Umsturz alles bisher Gültigen und der autonomen Neu- und Letztbegründung alles philosophisch-wissenschaftlichen Erkennens in der Selbstgewißheit des subjektiven Wissens zugleich auch die Selbstinterpretation des Erkenntnisanspruchs neuzeitlicher Philosophie und Wissenschaft vollzog.

II. Vicos Kritik des Cartesischen Erkenntnismodells

1. *Erkenntnismetaphysik und rationale Erkenntnissystematik*

Vicos kritische Position gegenüber dem Cartesianismus besteht in der ausgeführten Erkenntnismetaphysik, wie sie vornehmlich der *Liber metaphysicus* grundlegend für die späteren Werke entwickelt. Diese beginnt nicht wie Descartes' *Meditationes de prima philosophia* mit einer Erkenntniskritik,[167] sondern mit der Analyse der Voraussetzungen und Forderungen, die die Idee der Wahrheit, der präzisen Wahrheit, wie sich gezeigt hat, in sich birgt.[168] Resultat dieser Analyse war die Formel: *verum esse ipsum factum*, d. h. die Feststellung einer ursprünglichen Identität von Erkennen und Erkenntnisgegenstand, Denken und Sein, — metaphysische Wahrheit also als vorgängiger und ermöglichender Grund aller logischen Wahrheit. Es muß prinzipiell in seiner Möglichkeit vorgedacht sein, was operativ verfahrende Wissenschaft diskursiv zur Deckung zu bringen sucht: dies ist die Aufgabe der Metaphysik.

Es zeigt sich hier bereits, daß Vico sehr viel radikaler denkt als Descartes. Ihm geht es in diesen Überlegungen nicht n u r um ein "*primum verum*", um ein erstes Prinzip zum Aufbau einer rational-methodisch gesicherten Wissenschaft;

---

[166] Reg. II, 6.
[167] Vgl. Meditatio I, 1.
[168] Vgl. oben S. 40 ff.

er stellt vielmehr die viel entscheidendere Frage nach der Möglichkeit von Wissenschaft überhaupt, und diese Frage liegt zweifelsohne noch vor einer Erkenntniskritik, die das in seiner Möglichkeit selbst unbezweifelte Ziel sicheren Wissens doch immer schon vor Augen hat.

Wir geben den grundlegenden Gedankengang Vicos hier nocheinmal in der Zusammenfassung der "Prima Risposta" auf die Einwände der Kritiker im Giornale dei letterati d'Italia von 1711 [169]: "Die vollkommene Idee der Metaphysik ist jene, in der man das Sein und das Wahre, oder, um es in einem zu sagen, das wahre Sein bestimmt, und zwar nicht nur im Sinne eines ersten Wahren (primum verum) sondern im Sinne des absoluten Wahren (l'unico vero), dessen Betrachtung uns den Ursprung und das Kriterium für die nachgeordneten Wissenschaften enthüllt." Dieser Bestimmung der Aufgabe folgt die Beschreibung der Durchführung: "Zuerst bestimme ich ein *verum*, das mit dem *factum* konvertiert, und darunter begreife ich das *bonum* der Schulen, die es mit dem *ens* gleichsetzten." Der ausdrückliche Hinweis auf das "*bonum*" der Transzendentalienlehre der Schultradition, den Vico hier mit seiner Formel von der Konvertibilität des *verum* und des *factum* verbindet, verdeutlicht, daß in der Struktur der Beziehung des Denkens zu seinem Gegenstand immer auch ein volitives Moment enthalten ist, diese also von Vico als die schöpferische Ordnungsbeziehung zwischen Vernunft und Gegenstand gedacht ist, die mit dem Begriff der ontologischen Wahrheit gemeint ist.[170] Damit ist eine Idee von Wahrheit gedacht, die aller bestimmten Gegenstandserkenntnis, soll es sich überhaupt um Erkenntnis handeln, bereits vorausliegt und in jeder bestimmten Erkenntnis immer schon vorausgesetzt ist, und die daher in der transzendentalen Reflexion auch als deren "logisches Prius", als "Ursprung" aller Wissenschaft aufgewiesen werden kann.

An diesen Grundgedanken knüpfen sich nun die sorgfältigen und durchgängigen Unterscheidungen Vicos zwischen *intellectus* und *ratio, intelligere* und *cogitare, termini metaphysici* bzw. *intellectuales* und *termini rationis*, Unterscheidungen, die nicht in Gegensätze extrapoliert werden dürfen, soll das transzendentallogische Gefälle, das zwischen ihnen besteht und damit die eigentliche Intention der Erkenntnisreflexion Vicos nicht gänzlich aus dem Blick geraten. Gott, philosophisch bestimmt als das identische Prinzip von Sein und Erkennen ist die veritas ipsa (l'unico Vero) und damit auch das wahre Sein (vero Ente) alles Seienden. Sein Erkennen (Intelligenzia) ist die schöpferische Ursache alles

---

[169] Prima Risp. (1711), Opere I, 207 f.
[170] Das "bonum" gehört in der Schulphilosophie zu den nomina transcendentia, die das Seiende nicht in sich oder absolut (wie ens, res, unum), sondern in Relation auf etwas anderes charakterisieren; in diesem Fall also in Hinordnung auf die voluntas bzw. den appetitus. Vgl. etwa Thomas von Aquin, De nat. gen. 2: "bonum addit rationem appetibilis: eo enim est ens bonum, quo est appetibile. Unde bonum importat ordinem entis ad appetitum, sicut verum ad intellectus." Zit. nach *Oeing-Hanhoff, L.*, Ens et verum convertuntur. Stellung und Gehalt des Grundsatzes in der Philosophie des hl. Thomas von Aquin. Münster/Westf. 1953, 118. Zur Transzendentalienlehre des Aquinaten vgl. ebd. 116 ff.

Seienden, ist Vernunft (Ragione), an der menschlicher Geist immer nur in Andersheit, in diskursiver Ausfaltung ihrer ursprünglichen Einheit partizipiert: ". . . egli solo é la vera Intelligenza, perchè egli solo conosce tutto, e la divina Sapienza . . . rappresenta tutto, contenendo dentro di sé gli elementi delle cose tutte, e, contenendogli, ne dispone le guise o siano forme dall'infinito, e, disponendole, le conosce, ed in questa sua cognizione le fa. E questa cognizione die Dio é tutta la r a g i o n e, della quale l'uomo ne ha una porzione per la sua parte . . ., e per questa sua parte non ha l'intelligenza, ma la cogitazione del tutto, che tanto é dire non comprende l'infinito, ma bene il puo andar raccogliendo." [171]

Damit ist der entscheidende Schritt über die rein rationale Erkenntnissystematik Descartes' hinaus vollzogen und zugleich die transzendentalphilosophische Reflexion eingeleitet, die Vico freilich im starren Korsett des schulphilosophischen Vokabulars im *Liber metaphysicus* durchführt. Die diskursive Einheit des Verstandes ist nicht die Bedingung ihrer selbst, sie verweist zurück auf die komplikative Einheit der Vernunft, in der zusammengehalten ist, was der Verstand erst in distinkte Vielheit auseinanderfalten kann. Vernunft jedoch als durchtragender Grund aller diskursiven Ausfaltung ihrer ursprünglichen Einheit durch Verstand und Sinnlichkeit, kann als Ursprung und Ermöglichungsgrund begrifflicher Eindeutigkeit nicht selbst wieder in Verstandesbegriffen erfaßt und definiert werden. Das Nicht- bzw. Vordistinkte bleibt in diesem Sinne per definitionem unbegreifbar.

Hier erst befinden wir uns mit Vico auf der Argumentationsebene einer Metaphysik, die sich selbst als V e r n u n f t wissen und dessen Vollzug als Selbstauslegung des menschlichen Geistes begreift: "(qui) si tratta m e t a f i s i c a, nella quale l'uomo ha da conoscere e spiegare la sua mente, purissima e semplicissima cosa." [172] Menschlicher Geist, Denken jedoch, gründet in Geist überhaupt; deshalb "in metafisica colui avrá profittato che nella meditazione di questa scienza abbia se stesso perduto." [173]

Von dieser Argumentationsbasis her zeigt sich Vicos Kritik an Descartes als Kritik eines Denkmodells, das in der alleinigen Sorge um die Gewißheit des Erkennens dessen Wahrheit aufs Spiel setzt, das in der Sorge um die eigene Selbstbehauptung jeden Bezug zur konkreten Mannigfaltigkeit und zu allen praereflexiven Sinnhalten der geschichtlichen Erfahrungswelt verliert und das schließlich um der Behauptung der eigenen Selbstgenügsamkeit willen seine eigene Voraussetzung in der Vernunfteinheit des menschlichen Geistes verleugnet, von der her alle Verstandesbegriffe doch allererst ihren Sinn erhalten. Diese Reduktion menschlich-schöpferischer Vernunft auf methodische Rationalität und, damit verbunden, die Ausklammerung historischer Faktizität aus dem Bereich methodisch gesicherter Wahrheitserkenntnis muß jedoch überwunden oder doch wenigstens korrigiert werden, soll einer "Neuen" Wissenschaft der Weg geebnet wer-

---

[171] Prima Risp. (1711), Opere I, 208.
[172] Sec. Risp. (1712), Opere I, 251.
[173] Prima Risp. (1711), Opere I, 219.

den, die sein will "insieme istoria e filosofia dell'umanitá", Geschichte (factum) und Philosophie (verum) der Menschheit in einem.[174]

2. Conscientia cogitandi – Scientia entis

Descartes erhebt die Forderung unbedingter Voraussetzungslosigkeit. Nur bei sich selbst kann das Denken seinen Anfang nehmen. Alles, was hinfort als wahr und gewiß Geltung beanspruchen kann, muß von diesem Denken als wahr und gewiß gesetzt und darf nicht bloß vorausgesetzt sein. Dies gilt für alle Kenntnisse und Erkenntnisse, die wir uns im Laufe unseres Lebens einmal angeeignet haben, es gilt insgesamt für alle überkommene Philosophie und Wissenschaft, und es gilt für die sinnliche Welt und damit auch für den Leib als Bestandteil dieser sinnlichen Welt. Zurück bleibt allein das *ego cogito,* das freilich sein Sein nur im Akt des Denkens selbst und als Moment des Denkens selber, nicht jedoch als Konkretes, als Daseiendes hat, welches vielmehr als *"res extensa"* außerhalb der in sich abgeschlossenen *"res cogitans",* des Bewußtseins, verbleibt.[175] Nur innerhalb der Subjektivität, nur im Vollzug des Denkens selbst, ist der Gewißheitszusammenhang von Denken und Sein gegeben, den das *"cogito ergo sum"* zum Ausdruck bringt. In konkreter, gegenständlicher Wirklichkeit (*res extensa*) hingegen herrscht, wie das berühmte Wachsbeispiel (Med. II, 11–13) darlegt, Veränderlichkeit und also Ungewißheit. Damit ist das Denken zwar auf sich selbst gestellt, aber es ist dabei auch in sich selbst verschlossen. Denken ist für Descartes nach einer vielzitierten Stelle aus den *Principia philosophiae* (I, 9) "alles, was derart in uns geschieht, daß wir uns seiner unmittelbar aus uns selbst bewußt sind." Auf diese Weise bleibt das Denken in den Grenzen des Bewußtseins eingeschlossen und zugleich ist alles Weltlich-Seiende einschließlich der konkreten, daseienden Individualität ausgeschlossen, denn alles Extensionale ist nicht in der unmittelbaren Gewißheit meiner selbst enthalten.

Damit ist nun – Vicos Kritik – die Gewißheitsfrage auf einen Punkt getrieben, an dem Descartes die Vermittlung zwischen den beiden Seinsbereichen *res cogitans* und *res extensa* nicht mehr gelingt und nicht mehr gelingen kann. Die Cartesianer stellen sich den menschlichen Geist vor wie eine Spinne in der Mitte ihres eigenen Gespinstes und zugleich in dieses eingeschlossen.[176] Gelingt jedoch diese Vermittlung nicht mehr, so ist gerade das nicht geleistet, was doch Ergebnis des ganzen ungeheuren Aufwands des methodisch gesteigerten Zweifels sein sollte, nämlich die absolute Begründung objektiver Erkenntnis im Subjektiven, die jeder skeptischen Bestreitung der Möglichkeit wahrer Erkenntnis standhalten sollte. Der Skeptiker, wendet Vico ein, zweifelt gar nicht daran, daß er denkt, und ebensowenig zweifelt er daran, daß er ist. Dies ist gerade das Selbstver-

---

[174] Scienza Nuova Prima (1725), Opere III, 18.
[175] Vgl. Meditationes II, 6.
[176] Liber met. I, 2; Opere I, 140: . . . Itaque fingunt mentem humanam tamquam araneum, ita in conario, ut ille in suo telae centro quiescere.

ständliche, von dem er als dem unmittelbar Erfahrenen ausgeht. Was der Skeptiker infrage stellt, ist nicht die Gewißheit des Selbstverständlichen, sondern die Möglichkeit, von dieser Gewißheit aus zur "Wissenschaft", zu wahrer Erkenntnis des Seienden zu kommen, denn das Selbstverständliche ist gerade nicht das Gewußte, das Begründete: "*Sed scepticus non dubitat se cogitare; quin profitetur ita certum esse, quod sibi videri videatur . . . nec dubitat se esse . . . Sed certitudinem, quod cogitet, conscientiam contendit esse, non scientiam, quae in indoctum quemvis cadat . . .; non rarum verum et exquisitum, quod tanta maximi philosophi meditatione egeat ut inveniatur.*"[177] Der rein formale Gewißheitszusammenhang im Denken läßt keinen Schluß zu auf die Verhältnisse in konkreter gegenständlicher Wirklichkeit.

Dieser Einwand gilt natürlich auch für die gesamte Methode der *idea clara et distincta*, die ja aus dem *cogito* abgeleitet ist. Vico folgt hier durchaus der üblichen Kritik, die von verschiedensten Seiten bereits gegen Descartes vorgebracht worden war. So hatte z. B. Leibniz in seinen *Meditationes de Cognitione, Veritate et Ideis* von 1684 bereits den entscheidenden Einwand gegen die cartesische Methode formuliert: Die aus der Klarheit und Deutlichkeit abgeleitete Evidenzbehauptung, der Grundsatz also, daß alles, was ich von einer Sache klar und deutlich erkenne, wahr oder von ihr aussagbar ist, sei nutzlos, meint Leibniz, wenn nicht Kriterien des Klaren und Deutlichen gegeben werden und wenn die Wahrheit der Ideen selbst nicht feststeht.[178] Die Methode vermittelt also nur dann wahre Erkenntnis, wenn aus anderen Gründen bereits feststeht, daß die klar und deutlich erkannte Sache möglich ist (*nisi quando aliunde constat rem definitam esse possibilem*). Die Möglichkeit einer Sache erkennen wir aber entweder a priori oder a posteriori: A priori, wenn wir deren Begriff in seine Merkmale oder in andere Begriffe auflösen, deren Möglichkeit bereits bekannt ist, und wenn wir wissen, daß sie keinen Widerspruch einschließen; und dies ist unter anderem dann gegeben, wenn wir die Art und Weise erkennen, auf welche die Sache erzeugt werden kann, wozu vor allem Kausaldefinitionen nützlich sind. A posteriori, wenn wir erfahren, daß die Sache tatsächlich existiert; denn was tatsächlich existiert oder existiert hat, ist jedenfalls möglich. Adaequate Erkenntnis allerdings ist für Leibniz immer auch apriorische Erkenntnis der Möglichkeit, also Erkenntnis der Art und Weise, auf welche die Sache erzeugt werden kann (*modum quo res possit produci*).[179]

---

[177] Liber met. I, 3; Opere I, 139.
[178] *Leibniz*, Philosophische Schriften IV, ed Gerhard, Hildesheim 1960, 425: Nec minus abuti video nostri temporis homines jactato illo principio: quicquid clare et distincte de re aliqua percipio, id est verum seu de ea enuntiabile . . . Inutile ergo axioma est, nisi clari et distincti criteria adhibeantur . . . et nisi constet de veritate idearum.
[179] Ebd.: Possibilitatem autem rei vel a priori cognoscimus, vel a posteriori. Et quidem a priori, cum notionem resolvimus in sua requisita, seu in alias notiones cognitae possibilitatis, nihilque in illis incompatibile esse scimus; idque fit inter alia, cum intelligimus modum, quo res possit produci, unde prae ceteris utiles sunt D e f i n i t i o n e s   c a u s a l e s : a posteriori vero, cum rem actu existere experimur, quod enim actu existit vel extitit, id utique possibile est. Et quidem quandocumque habetur cognitio adaequata, habetur et cognitio possibilitatis a priori.

Leibniz und Vico decken sich hier in ihrer Argumentation. Die Methode der klaren und deutlichen Idee allein vermag die Kluft, die Descartes zwischen subjektives Erkennen und gegenständliche Wirklichkeit gelegt hat, nicht mehr überzeugend zu überbrücken. Der Skeptiker wird immer bestreiten, daß man aus der formalen Gewißheit des Denkens (*conscientia cogitandi*) auf dem Wege von Schlüssen auf die dem Bewußtsein transzendente gegenständliche Wirklichkeit sicheres Wissen des Seienden (*scientia entis*) ableiten könne. Dies gilt gleichermaßen auch für den Versuch Descartes', subjektives Erkennen und gegenständliche Wirklichkeit durch den ersten Schluß auf die Transzendenz Gottes und dessen Wahrhaftigkeit zu vermitteln und sich so eine ontologische Basis zu sichern.[180] Denn aus der Idee Gottes bzw. eines vollkommensten Wesens ergibt sich ebenfalls nur soviel: wenn Gott möglich ist, so folgt, daß er existiert[181], eine apriorische Erkenntnis der Möglichkeit Gottes aber erscheint absurd: "*Hinc adeo impiae curiositatis notandi, qui Deum Opt. Max. a priori probare student. Nam tantundem esset, quantum Dei Deum se facere; et Deum negare, quem quaerunt.*"[182]

Der Versuch Descartes', im Rückgang auf das *ego cogito* eine absolute Begründung objektiven, das Bewußtsein transzendierenden Wissens leisten zu können, scheitert also dieser Kritik zufolge in der Selbstbefangenheit eines *cogito*, das weder seinen Bezug zur Welt noch auch die eigene Welthaftigkeit überzeugend aufzuklären vermag: ". . . quel 'cogito' é segno indubbiato del mio essere; ma, non essendo cagion del mio essere, non m'induce scienza dell'essere."[183] Die Folgerung, die Vico für sein eigenes Philosophieren zieht, macht jedoch nun keineswegs den Ansatz Descartes' wieder rückgängig. Die Wendung vom Denken über Dinge zum Subjekt, das denkt, die Descartes so dezidiert vollzieht, bleibt auch für Vico bestimmend. Welche Instanz vermöchte auch z. B. jene Kritik der historischen Überlieferung zu leisten, von der dann in der Scienza Nuova die Rede ist,[184] wenn nicht ein *ego cogito*, das eben die reflexive Distanznahme von der Geschichte vollzogen hat, die allein Kritik an Geschichte möglich erscheinen läßt. Wird aber Subjektivität unter dem ausschließlichen Aspekt der Gewißheitsproblematik in einen Gegensatz zur Welt und Geschichte gestellt, wie dies in Descartes' Ausklammerung allen auf historisch oder sinnlich vermittelter Erfahrung beruhenden Wissens und dem allein auf klarer und evidenter Intui-

---

[180] Vgl. Meditationes IV, 1 u. 2; sowie V, 10–15.
[181] Vgl. Leibniz, op. cit. 424: Verum sciendum est, inde hoc tantum confici: si Deus est possibilis, sequitur quod existat; nam definitionibus non possumus tuto uti ad concludendum, antequam sciamus eas esse reales, aut nullam involvere contradictionem . . . argumentum tamen non satis concludit, et jam ab Aquinate rejectum est.
[182] Liber met. III; Opere I, 150.
[183] Prima Risp. (1711); Opere I, 209.
[184] Scienza Nuova Sec., Opere IV–I, 9: Qui si accenna che in quest'opera, con una nuova arte critica, che finor ha mancato . . . la filosofia si pone ad esaminare la filologia (o sia la dottrina di tutte le cose le quali dipendono dall'umano arbitrio, come sono tutte le storie delle lingue, de' costumi e de' fatti cosí della pace come della guerra de' popoli).

tion und sicherer Deduktion daraus beruhenden Programm der *mathesis universalis* deutlich wird, dann bleibt dieser Gegensatz — Leibnizens und Vicos Kritik — unaufhebbar: quel, 'cogito' . . . non m'induce scienza dell'essere.

Soll Erkennen jedoch nicht in leerer Reflexion auf sich selbst verharren, so muß die Trennung von *res cogitans* und *res extensa* überwunden, d. h. dem Wissen, das aus historischer oder sinnlicher Erfahrung entspringt und insoweit erst "wahrscheinliches" Wissen ist, muß ein legitimer Platz im Bereich methodisch gesicherter Wahrheitserkenntnis zurückerstattet werden. "L'o p i n i o n, fondée dans le vraisemblable, merite peutestre aussi le nom de c o n n o i s s a n c e ; autrement presque toute connoissance historique et beaucoup d'autres tomberont", so findet sich diese Einsicht bei Leibniz formuliert,[185] die Vico in einer neuen, Topik und Kritik einenden Methode systematisiert.

Diese Methode hebt an beim "Wahrscheinlichen", um dann in transzendentalphilosophischer Reflexion über das insoweit erst topisch Hingenommene dessen Wahrheits- bzw. Sinngehalt zu erschließen. Diese Leistung findet sich bei Vico ausführlich und genau beschrieben, ihr gilt sein vornehmliches Interesse und sie kleidet er in Wendungen, in denen das Wort des Cusaners vom Menschen als einem zweiten Gott und die um dieses Wort kreisende Spekulation des Renaissancehumanismus über die *"dignitas hominis"* als eines Ebenbildes des Schöpfergottes noch einmal beredten Ausdruck findet: "*Quemadmodum homo intendendo mentem modos rerum, earumque imagines, et verum humanum gignat, ita Deus intelligendo verum divinum generet, verum creatum faciat.*" [186] Aus sich erschafft sich der menschliche Geist die Formen [187] und Sinnbilder, in denen er die Dinge erkennt. Er erzeugt aus sich die Welt des *"verum humanum"*, indem er sich kraft eigenen Rechts (*pro suo iure*) eine Welt von Formen und Zahlen erschafft, die er in sich als Universum umfaßt.[188]

Diese sinnkonstituierende Leistung menschlich-schöpferischer Vernunft umfaßt sowohl jenes "unermeßliche Bauwerk" mathematisch-naturwissenschaftlicher Rationalität, als auch die geschichtliche Welt als "mondo degli animi umani", dessen Prinzipien aufzufinden sind im "mondo delle menti umane, che é il mondo metafisico" [189] — beide haben ihre gemeinsame Wurzel in der schöpferischen Potenz menschlicher Geistigkeit und deren Modifikationen.

Dieser Verstehensleistung freilich geht nicht die Ausklammerung weltlicher und geschichtlicher Faktizität voraus, sondern sie ist gerade das Verstehen des "*factum*", das als zunächst "Wahrscheinliches" dem Erkenntnisprozeß bereits zugrun-

---

[185] *Leibniz*, Nouveaux Essais sur l'entendement par l'auteur du systeme de l'harmonie praestablie; IV, 2, § 14 Philosophische Schriften V, 353.
[186] Liber met. VII, 1; Opere I, 176.
[187] Modus, genus, forma bzw. die italienischen Bezeichnungen guisa, maniera, modificazione, gebraucht Vico synonym. Vgl. Prima Risp. (1711); Opere I, 209.
[188] Vgl. Liber met. I, 2; Opere I, 135: Atque . . . mundum quemdam formarum et numerum sibi condidit, quem intra se universum complecteretur: et producendo vel decurtando, vel componendo lineas, addendo, ninuendo, vel computando numeros infinita opera efficit, quia intra se infinita vera cognoscit.
[189] Scienza Nuova Sec. (1744) Idea dell'Opera; Opere IV–I, 5.

deliegt. Und wenn der platonische Satz gilt, daß die "Reden mit den Dingen, von denen sie reden, verwandt sein müssen" [190], so heißt dies hier nichts anderes, als daß das *factum,* auf das sich Erkennen bezieht, sich gerade als *"factum"* immer schon in einer inneren Beziehung zum erkennenden Subjekt befindet. In diesem Zusammenhang ist die Kritik von ausschlaggebender Bedeutung, die Vico an der cartesischen Forderung übt, Philosophie habe mit "Erkenntniskritik" zu beginnen.

3. *Erkenntniskritik und Vernunftmethode*

In der Regula VIII, 5 legt Descartes nocheinmal den Ausgangspunkt seiner "Erfahrungswissenschaft" dar: "Wenn wir uns", so führt er hier aus, "die Aufgabe stellen, alle Wahrheiten, zu deren Erkenntnis die menschliche Vernunft zureicht, zu prüfen, was einmal im Leben jeder tun muß, der zu wahrer Einsicht gelangen will, so werden wir finden, daß nichts früher erkannt werden kann, als der Verstand selbst, da von ihm die Erkenntnis alles übrigen abhängt, und nicht umgekehrt." [191]

Der Verstand, fordert Descartes, muß sich zuvor seiner eigenen Wahrheit und seines eigenen Vermögens versichert haben, bevor er an die objektive Untersuchung gehen oder sich gar den Streitfragen der Philosophen und besonderen Problemen der Einzelwissenschaften zuwenden kann. Er muß sich zuvor der "Instrumente der Erkenntnis" (*instrumenta sciendi*) versichern, denn, so Descartes, *"nihil mihi videtur ineptius quam de naturae arcanis, coelorum in haec inferiora virtute, rerum futurarum praedictione, et similibus, ut multi faciunt, audacter disputare, et ne quidem tamen umquam, utrum ad illa invenienda humana ratio sufficiat, quaesivisse. Neque res ardua aut difficilis videri debet, eius, quod in nobis ipsis sentimus, ingenii limites definire, cum saepe de illis etiam, quae extra nos sunt et valde aliena, non dubitemus judicare."* [192]

In diesen Sätzen ist das Programm der "Erkenntniskritik", des voraussetzungslosen Anfangs alles philosophisch-wissenschaftlichen Erkennens nocheinmal deutlich zusammengefaßt. Der Verstand kann mit keinem anderen Objekt beginnen, als mit sich selbst und mit der genauen Bestimmung der Grenzen, innerhalb derer ihm sicheres Wissen verbürgt ist. Sicheres Wissen, dies ist das Ziel, zu dessen Erreichung die Erkenntniskritik das Mittel darstellt, und mit diesem Ziel, das freilich in seiner Möglichkeit selbst außerhalb des Zweifels verbleibt, ist dann auch der Weg der *"Meditationes"* und des "Discours" bereits vorgezeichnet. Durch Abstraktion von allen in geschichtlicher bzw. sinnlicher Erfahrung vermittelten und wechselnden Inhalten des Bewußtseins, wie sie der methodische Zweifel durchführt, gelangen wir zur Absonderung der reinen "Form", zum Verstand als dem Inbegriff jener *"naturae purae et simplices"*, die als erste Prinzipien in

---

[190] Timaios. 29 b.
[191] Regula VIII, 5.
[192] Regula VI, 5.

aller Einzelerkenntnis unabhängig vom jeweils wechselnden Inhalt ihre Geltung bewahren und die unmittelbar intuitiv in einer *idea clara et distincta* erfaßt werden können: "*Notandum . . . paucas esse dumtaxat naturas puras et simplices, quas primo et per se, non dependenter ab aliis ullis, sed vel in ipsis experimentis, vel lumine quodam in nobis insito licet intueri; atque has dicimus diligenter esse observandas. Sunt enim eaedem, quas in unamquaque serie maxime simplices appellamus.*" 193

Hier ist der Begriff menschlicher Vernunft beschrieben, den bereits die Regula I grundlegend für alle folgenden erstellt hatte. Es ist der Begriff einer Vernunft, die bei aller Anwendung auf noch so viele Gegenstände doch stets "eine und dieselbe bleibt" (*semper una et eadem manet*) und die als solche dann auch der cartesischen Universalwissenschaft zugrundeliegt, in der alle Einzelwissenschaften letztlich aufgehen.194 Es ist der Begriff einer abstrakten, ungeschichtlichen Vernunft, die, wie K. O. Apel wohl zutreffend formuliert, "ihren reflexiven Standpunkt autonomer Weltbeurteilung ständig dadurch behauptet, daß sie den praereflexiven Sinngehalt einer gelebten Welt, sofern es sich nicht a priori vor den Anforderungen der Kritik legitimieren kann, einfach ausklammert." 195

Vicos kritische Aufnahme des von Descartes erhobenen Postulats eines voraussetzungslosen Anfangs alles wissenschaftlich-philosophischen Erkennens findet sich im dritten Kapitel der Methodenschrift von 1708 in einer direkten Replik auf das in der Regula VIII angeschnittene Problem der *"instrumenta sciendi"*, deren sich nach Descartes das Erkennen zuerst zu versichern hat, bevor es an die objektive Untersuchung herangehen kann: "Was die Rüstzeuge der Wissenschaften (*instrumenta scientiarum*) betrifft, so beginnen wir heute die Studien mit der Erkenntniskritik, die, um ihre erste Wahrheit (*primum verum*) nicht nur vom Falschen, sondern auch vom bloßen Verdacht des Falschen frei zu halten, alle sekundären Wahrheiten (*vera secunda*), sowie alles Wahrscheinliche (*verisimilia*) genauso wie das Falsche aus dem Denken entfernt wissen will." 196 Dies sei, so lautet zunächst die zurückhaltend-abwägende Stellungnahme Vicos, nicht unbedenklich (*incommoda*). Bedenklich nun erscheinen Vico vor allem die Konsequenzen, die sich aus der Forderung nach Ausschluß alles "Wahrscheinlichen" aus dem Bereich wissenschaftlichen Erkennens ergibt.197 Unter der Herrschaft der rein rationalen Methode verlieren nämlich, wie das siebente Kapitel der gleichen Schrift dann näher ausführt, vor allem die Disziplinen an Bedeutung und Interesse, die der philosophisch-praktischen Situations- und Lebensbewältigung und deren theoretischer Erhellung unerläßlich sind: "Da heute das einzige Ziel der Studien die Wahrheit ist, richten wir unsere Forschung auf die Natur der

---

193 Regula VIII.
194 Vgl. Regula I, 1: nihil prius a recta quaerenda veritatis via nos abducit, quam si non ad hunc finem generalem, sed ad aliquos particulares studia dirigamus.
195 *Apel, K. O.*, Die Idee der Sprache in der Tradition des Humanismus von Dante bis Vico, Bonn 1963, 339.
196 De nostri temporis studiorum ratione. Vom Wesen und Weg der geistigen Bildung. Lat.-dt., übers. W. F. Otto. Darmstadt 1963, 27.
197 Dazu vgl. auch *Habermas, J.*, Theorie und Praxis, ²Neuried/Berlin 1967, 16 ff.

Dinge, weil sie gewiß zu sein scheint; die Natur des Menschen aber erforschen wir nicht, weil sie durch den Willen völlig ungewiß ist (*quia est ab arbitrio incertissima*)." [198] "Natur" des Menschen ist hier nicht abstrakt, sondern als vom Willen gesteuerter theoretisch-praktischer Vollzug d. h. geschichtlich gedacht, und da der Wille sich niemals gleichbleibt, versagt eine logisch-deduktiv verfahrende Wissenschaft, da sie der Situationsgebundenheit menschlichen Handelns nicht gerecht zu werden vermag. Hier muß an die Stelle des "geradlinigen Lineals des Verstandes" vielmehr jene "geschmeidige Methode der Lesbier" (*illa Lesbiorum flexili*) treten, die den wechselnden geschichtlichen Umständen, unter denen sich menschliches Handeln abspielt, Rechnung zu tragen vermag: "Und darin besteht eigentlich der Unterschied zwischen Wissenschaft und Klugheit (*prudentia*), daß in der Wissenschaft diejenigen groß sind, die von einer einzigen Ursache möglichst viele Wirkungen in der Natur ableiten, in der Klugheit aber diejenigen Meister sind, die für eine Tatsache möglichst viele Ursachen aufsuchen, um dann zu erschließen (*coniicere*), welches die wahre ist." [199]

Während diese Einwände vor allem den Gewinn an unbestrittener Erkenntnissicherung der logisch-axiomatischen Methode gegen den gleichfalls unbestreitbaren Verlust an lebenspraktischer Bedeutsamkeit abwägen, geht Vico im dritten Kapitel der gleichen Schrift direkt auf die Methodenproblematik ein, indem er nun der neuzeitlichen "Kritik", welche das Wahrscheinliche mißachtet, die Topik voranstellt als die Kunst des Findens von Wahrscheinlichkeitsargumenten: ". . . denn wie die Auffindung der Argumente naturgemäß früher ist als das Urteil über ihre Wahrheit, so muß die Lehre der Topik früher sein als die der Kritik." [200] Topik ist die Lehre, das Medium zu finden, das in der Schultradition als argumentum bezeichnet wurde und das als "Wahrscheinliches" in der Mitte zwischen wahr und falsch steht. Es geht hier also nicht um das Finden von selbst nicht wieder deduzierbaren logischen Prämissen als den Voraussetzungen allen rationalen Schlußfolgerns, wie E. Grassi interpretiert, wobei für ihn dann Vicos Lehre von der Topik zugleich die Zurückweisung der kritischen Methode und des mit ihr verbundenen Rationalismus beinhaltet.[201] Grassi, der, unter Berufung auf das ciceronianische Verständnis der Topik, Vicos "topische Philosophie" als Alternative und zugleich Absage an Descartes' "kritische Philosophie" deutet, übersieht, daß Vico selbst dieses Verständnis von Topik kritisiert und korrigiert. Vico sieht genau und zutreffend, daß eine bloße Gegenüberstellung von Topik und Kritik, die deren wechselseitigen Bezug nicht klären könnte, der wissenschaftlichen Argumentation kaum hilfreich wäre, und so kommt es ihm gerade

---

[198] De nostri temporis . . . VII, op. cit. 59.
[199] Ebd.
[200] De nostri temporis . . . III, op. cit. 29; zum Folgenden vgl. ebd. ff.
[201] Vgl. *Grassi, E.*, Critical or topical Philosophy, in: G. B. Vico. An International Symposium, Baltimore 1970, p. 48: . . . the key to the Vichian rejection of the critical method and its related rationalism consists of the realization that the original premises themselves, since they underlie the logical processes, are as such undeducible, by virtue of which the rational process is essentially deductive, it will never be applicable to the premises, the axioms, or principles of the rational process itself.

darauf an, ein bloß äußerliches Gegenüber von Topik und Kritik durch den Aufweis ihrer wechselseitigen Implikation zu überwinden: "... *omnis antiqua dialectica in artem inveniendi et iudicandi divisa est. Sed Academici toti in illa inveniendi, in illa iudicandi toti Stoici fuerunt. Utrique prave: neque enim inventio sine iudicio, neque iudicium sine inventione certum esse potest.*"²⁰² Hier wird klar, daß mit Topik nichts weniger als ein unkritisches oder gar auch nur vorkritisches Verfahren gemeint sein kann, und der unmittelbar anschließende kritische Bezug auf die cartesische Methode stellt darüber hinaus klar, daß mit der Einführung der Topik auch keineswegs die Zurückweisung oder gar eine "prinzipielle Absage" an das cartesisch verstandene Wissenschaftsmodell ²⁰³ verbunden ist. Wie kann, so fragt Vico, die Methode der klaren und deutlichen Idee den kritischen Maßstab unseres Erkennens abgeben, wenn wir nicht zuvor den sachlichen Bedeutungsgehalt, der in einer Sache steckt und ihr in Beziehung auf anderes zukommt, voll ausgeschöpft haben: "*Etenim quonam pacto clara et distincta mentis nostrae idea veri regula sit, nisi ea, quae in re insunt, ad rem sunt affecta, cuncta perspexerit?*" ²⁰⁴ Dieses vollständige Ausschöpfen des Bedeutungsgehaltes einer Sache aber ist Aufgabe der Topik, die alle die Fragen durchgeht, die an eine Sache gestellt werden können und eben damit in ihrem Vollzug auch dauernd schon urteilend verfährt.

Eine vollständig durchgeführte topische Befragung einer vorliegenden Sache, wäre sie möglich, würde das "Wahrscheinliche" bereits in ein "Wahres" verwandeln und wäre im Ergebnis mit dem kritischen Urteil über die Wahrheit einer Sache identisch: "*At, si critica face locos topicae omnes perlustret, tunc certus erit se rem clare et distincte nosse; quia per omnes quaestiones, quae de re proposita institui possunt, rem versavit; et per omnes versasse topica ipsa critica erit.*" ²⁰⁵ Solches kritisches Urteil hätte dann allerdings gegenüber der nicht topisch angereicherten Methode den Vorzug der Sachhaltigkeit, denn Sachhaltigkeit, Konkretheit der Methode ist es, was Vico durch die Topik erreichen will und deren Mangel er der modernen Kritik anlastet. Diese will von der Topik nichts wissen und hält sie für gänzlich unnütz, sagt Vico in Anspielung auf die "Logique ou l'Art de penser" Arnaulds, in der dieser rät, die Topik ganz aus methodischen und logischen Erörterungen zu streichen, da es sich hier um eine fast gleichgültige Sache handle.²⁰⁶ Die Modernen meinen, wenn sie nur einmal geschulte Kritiker seien, dann brauche man sie nur über eine Sache in Kenntnis zu setzen, und sie würden finden, was an ihr Wahres sei; das Wahrscheinliche jedoch, das daran grenze, sähen sie durch eben diese Regel der Wahrheit, ohne Belehrung durch eine Topik. "Allein, wie können sie gewiß sein, alles gesehen zu haben?" ²⁰⁷ Das genaue Verständnis dessen, was mit Topik hier gemeint ist,

---

²⁰² Liber met. VII, 5; Opere I, 182.
²⁰³ *Grassi, E.,* Marxismus und Humanismus, op. cit. 154.
²⁰⁴ Liber met. VII, 5; Opere I, 182.
²⁰⁵ Ebd.
²⁰⁶ Vgl. *Antoine Arnauld,* La Logique ou L'Art de penser, dt. übers. v. Ch. Axelos, Darmstadt 1972, 223.
²⁰⁷ De nostri temporis... op. cit. 31.

erschließt sich aus dem Begriff des "Wahrscheinlichen", auf den Topik bezogen ist. Eine Klärung im Sinne Vicos findet sich dazu wieder bei Leibniz, der sich ausdrücklich auch vom aristotelischen Verständnis von Topik absetzt.[208] Aristoteles hatte — nach Leibniz — einen zu begrenzten und zu ungenügenden Begriff vom Wahrscheinlichen, das er E n d o x o n oder "das der bloßen Meinung Gemäße" nannte. Er habe Unrecht, seine Topik darauf beschränkt zu haben, und dieser Gesichtspunkt habe bewirkt, daß er sich dabei nur an angenommene, meist unbestimmte Maximen gehalten habe, als ob er nur aufgrund von Redensarten oder Sprichwörtern denken wollte. Aber die Wahrscheinlichkeit (le probable) oder das Wahrscheinlichsein (le vraisemblable) sei noch ausgedehnter: man müsse es aus der Natur der Dinge ableiten (il faut le tirer de la nature des choses). Dies ist genau auch Vicos Argument, wenn er davon spricht, die in der Topik Geübten besäßen die Fähigkeit, ohne weiteres zu sehen, was jeweils "in der vorliegenden Sache" überzeugend gemacht werden kann (*quicquid in quaque causa insit persuadibile*). Es geht Vico also mit der Einführung der Topik nicht um eine irgendwie geartete Selbständigkeit dieser Lehre vor der Kritik, sondern es geht in ihr darum, dem kritischen Urteil einen möglichst umfassenden Sachbezug zu garantieren, und in diesem Sinne handelt es sich in ihr um den ersten Schritt einer Methode, die das rein rationale, resolvierende und deduzierende Erkenntnisverfahren überwindet.

Es sind im wesentlichen drei Vermögen des menschlichen Geistes, aus denen wir unser Wissen schöpfen: Wahrnehmung, kritisches Urteil über das Wahrgenommene und schließlich das schlußfolgernde Denken, in das die beiden Erstgenannten eingehen.[209] Diesen Vermögen sind zugeordnet die Topik, die Kritik und die Methode, und zwar die Topik der Wahrnehmung, die Kritik dem Urteilsvermögen und die Methode schließlich dem schlußfolgernden Denken. Die Methode jedoch, die topisch Wahrgenommenes und kritisch-rational Beurteiltes in sich vereint, liegt jenseits der rein rationalen Erkenntnissystematik bzw. umgreift auch diese noch, insofern sie sie mitsamt ihren zwei Einzelschritten in sich enthält: Es ist "Vernunft als Methode".

Vernunft als Methode im oben skizzierten Sinne als Einigungsgrund aller unter ihr befaßten topischen und judizialen Erkenntnisvollzüge ist selbst keiner starren Regel hinsichtlich ihres eigenen Vollzugs unterworfen. Sie folgt der Ordnung der Klugheit (*ordinem prudentiae committendum*), d. h. sie ist flexibel und offen für die konkrete Mannigfaltigkeit der Erkenntnisgegenstände[210], und in ihrer Ordnungsfunktion bezüglich der unter ihr befaßten topischen und rationalen Erkenntnisvollzüge erweist sie sich als Weisheit: "Ella é 'sapienza' la facultá che comanda a tutte le discipline, dalle quali s'apprendono tutte le scienze e l'arti che compiono l'umanitá."[211]

---

[208] *Leibniz*, Nouveaux Essai..., op. cit. 353.
[209] Liber met. VII, 5; Opere I, 180.
[210] Vgl. Sec. Risp. (1712); Opere I, 271: il metodo va variando e multiplicandosi secondo la diversitá e multiplicazione delle materie proposte.
[211] Scienza Nuova Sec. (1744) II, 1; Opere IV–I, 137.

Von hier aus ist nun auch das spezifisch einzelwissenschaftliche Erkenntnisverfahren gegenüber Descartes neu zu begründen, und in den Überlegungen Vicos zu diesem Fragenkreis zeigt sich die transzendentalphilosophische Ausrichtung seines Denkens, an der die Vico-Forschung bislang weitgehend vorbeigegangen zu sein scheint, was sich vor allem in der Interpretation B. Croces aber auch in der Anti-Croce-Deutung F. Amerios und auch noch bei E. Grassi und K. Löwith bemerkbar macht.

4. Philosophische Begründung rationaler Wissenschaft

Vico demonstriert den transzendentalphilosophischen Ansatz seiner Überlegungen wie Cusanus [212] vor und wie Kant nach ihm am Modellfall der Mathematik, denn in der Mathematik scheint ihm das vorzuliegen, was er in seiner Idee der Konvertibilität des *verum* und des *factum* bereits vorgedacht hatte: "Formata questa idea die vero, a quella riduco l'origine delle scienze umane, e misuro i gradi della lor verità, e pruovo principalmente che le matematiche sono le uniche scienze che inducono il vero umano." [213]

Die Gegenstände der Mathematik, Zahl- und Maßbegriffe, die Begriffe des Punktes, der Linie und der Fläche, so argumentiert Vico, haben ihren Ursprung im menschlichen Intellekt, sie sind dessen schöpferische Setzungen, und in ihnen bezieht sich das Denken nur auf sich selbst und nicht auf etwas ihm gegenüber Äußerliches oder Fremdes.

Die Gewißheit und die Allgemeingültigkeit mathematischer Beweisführung liegt darin begründet, daß in den mathematischen Disziplinen die Menschen "sono l'intera causa degli effetti che operano, essi comprendono tutta la guisa come operano, e si fanno il vero in conoscerlo." [214] Dies ist annähernd dasselbe Resultat, zu dem auch Kant in seinen systematischen Überlegungen zur Begründung mathematischer Wissenschaft gelangt: mathematische Erkenntnis ist Vernunfterkenntnis aus der Konstruktion der Begriffe.[215] Mathematische Erkenntnis ist daher auch immer schon ein Beweisen aus Gründen, denn Konstruktion und Demonstration des Erkenntnisgegenstandes fallen in ihr zusammen: "Ich definiere 'Grund' als das, was, um eine Wirkung hervorzubringen, keiner anderen, fremden Sache bedarf. Unmittelbare Folgerung daraus ist, daß Wissenschaft darin besteht, die Erkenntnis dieser Art Ursache zu besitzen, und daß Beweisen aus Gründen zugleich Hervorbringen der Sache ist; und diese ist wahr im absoluten Sinne ... denn ihre Erkenntnis und ihr Hervorbringen ist ein und das-

---

212 Zu Cusanus vgl. *Schwarz, W.*, Die Idee der Seinsvermittlung, op. cit. 32 ff.
213 Prima Risposta (1711); Opere I, 208.
214 Prima Risp. (1711); Opere I, 214.
215 Vgl. Kr. d. r. V.; B 741: "Die mathematische (Erkenntnis ist Vernunfterkenntnis) aus der K o n s t r u k t i o n der Begriffe. Einen Begriff aber k o n s t r u i e r e n, heißt: die ihm korrespondierende Anschauung a priori darstellen."

selbe."²¹⁶ Jeder mathematische Gegenstand ist also grundsätzlich und gänzlich erkennbar und demonstrierbar, und dies gilt nicht nur für die *"problemata"*, die Konstruktion der Figuren, die Verfahren der Division, Addition und Subtraktion, sondern auch für die *"theoremata"*, die elementaren Grundsätze selbst: *"Neque enim in solis problematibus, sed in theorematis ipsis, quae vulgo sola contemplatione contenta esse putantur, operatione opus est."* ²¹⁷

Die Gegenstände der Mathematik entstehen diesen Ausführungen Vicos zufolge, nicht als Ab- bzw. Nachbildungen irgendwelcher tatsächlicher Züge in einer dem Denken vorausliegenden Wirklichkeit, sondern aus einem eigenen Akt des Denkens, als freie Produktion des menschlichen Geistes, und gerade darin ist ihre absolute Gewißheit bzw. Erkennbarkeit begründet. Die Elemente der Mathematik sind in ihrer Gesamtheit zurückführbar auf ihren Ursprung im menschlichen Geist, und sie können deshalb von diesem auch "durch genetische Definition, durch die gedankliche Feststellung eines konstruktiven Zusammenhanges" und durch "fortschreitende Synthese" ²¹⁸ hervorgebracht werden: *"Nam geometria, quae synthetica methodo traditur, nempe per formas, ideo tum opere, tum opera certissima est, quia . . . docet modum componendi elementa, ex quibus vera formantur, quae demonstrat; et ideo modum componendi elementa docet, quia homo intra se habet elementa, quae docet."* ²¹⁹ In diesem Charakter der mathematischen Wissenschaften als freier Schöpfungen des menschlichen Geistes sieht Vico dann auch ihre herausragende Stellung vor allen anderen Wissenschaften begründet, eine Stellung, die er durch die zahlreichen Vergleiche mit der "scienza divina" ausdrücklich hervorhebt und unterstreicht. Der Mensch, so sagt er unter anderem, umgreift in sich eine vorgestellte Welt von Linien und Zahlen, und er verfährt in dieser ebenso, wie Gott im Universum mit der Realität.²²⁰ An anderer Stelle spricht er im gleichen Sinne von der Welt der mathematischen Formen, *"cuius homo quodammodo Deus est"* ²²¹ und er verdeutlicht diesen Gedanken noch, indem er dem Hervorgang der mathematischen Gegenstände aus dem menschlichen Intellekt gleichsam den Charakter einer *"creatio ex nihilo"* zuschreibt: *". . . ad Dei instar ex nulla re substrata, tamquam ex nihilo res veluti creat, punctum, lineam, superficiem.*²²²

Die Wissensidee, die sich in dieser Hervorhebung des Mathematischen durch Vico ausspricht, ist unschwer zu identifizieren. Es ist die Idee "intensiver" Unendlichkeit des Wissens, im Sinne absoluter Genauigkeit und Gewißheit, wie

---

216 Sec. Risp. (1712); Opere I, 258: Io definii 'cagione' quella che, per produrre l'effetto, non ha di cosa forestiera bisogno. Di si fatta diffinizione immediato corollario é che la scienza é aver cognizione di questa sorta di causa . . . e che il pruovare dalla causa sia il farla; e questo e assolutamente vero . . . e la cognizione di esso e la operazione é una cosa istessa.
217 Liber met. I, 2; Opere I, 135.
218 *Cassirer, E.*, Substanzbegriff und Funktionsbegriff, ³Darmstadt 1969, 15.
219 Liber met. III; Opere I, 144.
220 Prima Risp. (1711); Opere I, 210.
221 Liber met. IV, 2; Opere I, 156.
222 Liber met. I, 2; Opere I, 135.

sie dem Prozeß der Mathematisierung der neuzeitlichen (Natur-)Wissenschaft zugrundeliegt [223] und wie sie in der berühmten Unterscheidung Galileis zwischen der "intensiven" und der "extensiven" Weise des Erkennens ihren bündigsten Ausdruck gefunden hat. *"Extensive"*, so heißt es bei Galilei, das heißt, was die unendliche Vielzahl alles Wißbaren anlangt, erweist sich menschliches Erkennen gleichsam als Nichts, denn der Umfang alles menschlichen Wissens steht in keinem Verhältnis zur Infinität alles Wißbaren. Nach seinem Umfang betrachtet, ist also alles menschliche Wissen prinzipiell unabschließbar. Damit öffnet Galilei dem Erkennen im Gegenzug zur aristotelischen Wissenschaft, die sich ja gerade durch den Ausschluß des Unendlichen als Wissenschaft legitimiert hatte [224], einen unendlichen Problemhorizont und stellt die Wissenschaft damit zugleich vor die neue Aufgabe der Legitimation ihrer selbst. Angesichts der extensionalen Infinität alles Erkennbaren, kann sich wissenschaftliche Erkenntnis nunmehr nur noch dadurch als solche ausweisen, daß sie den eigentlichen Grund ihrer Wissenschaftlichkeit im Erkennen selbst aufzeigt: "ma pigliando l'intendere intensive, in quanto cotal termine importa intensivamente, cioé perfettamente, alcuna proposizione, dico che l'intelletto umano ne intende alcune cosí perfettamente, e ne ha cosí assoluta certezza, quanto se n'abbia l'istessa natura; e tali sono le scienze matematiche pure, cioé la geometria e l'aritmetica, delle quali l'intelletto divino ne sa bene infinite proposizioni di piú, perché le sa tutte, ma di quelle poche intese dall'intelletto umano credo che la cognizione agguagli la divina nella certezza obiettiva, poiché arriva a comprenderne la necessitá, sopra la quale non par che possa esser sicurezza maggiore.[225]

Es ist die reine apriorische Form des mathematischen Erkennens, die dieser Wissenschaft den Charakter absoluter Gewißheit und Notwendigkeit verleiht, und dies ist, wie sich gezeigt hat, exakt auch Vicos Begründung mathematischer Wissenschaft als des *"verum humanum"*, das aller skeptischen Bestreitung wahrer Erkenntnis standhält.[226]

Vico geht, wie diese Ausführungen zeigen konnten, nicht wie Descartes von der Reinheit und Einfachheit der mathematischen Gegenstände aus, um darin, in einer "unmittelbaren Evidenzphänomenologie" (Apel) schon die Gewißheit der Mathematik begründet zu sehen, sondern er gibt nun eine Theorie mathematischer Gewißheit, und das heißt: deren transzendentallogische Begründung. Mathematische Erkenntnis ist für ihn wie für Kant Vernunfterkenntnis durch die K o n s t r u k t i o n der Begriffe, sie ist reine Erkenntnis a priori und enthält die Merkmale, welche die Vernunft an jeder wissenschaftlichen Erkenntnis fordert, nämlich "Notwendigkeit und strenge Allgemeinheit", ein Postulat, dem die empirische Erkenntnis niemals genügen kann, denn "Erfahrung lehrt uns zwar, daß etwas so oder so beschaffen sei, aber nicht, daß es nicht anders sein könne."[227]

---

[223] Zum Folgenden vgl. *Rombach, H.*, Substanz, System, Struktur, I, München 1965; 213, 317 f., 330 ff.
[224] Vgl. Aristoteles, Met. VII, 6; 1031 b.
[225] *Galilei*, Dialogo sui massimi sistemi, a. c. d. F. Brunetti, Bari o. J. 130.
[226] Liber met., Conclusio; Opere I, 191.
[227] *Kant,* Kr. d. r. V. B 4.

"Menschliche Wissenschaft", sagt Vico, "sind allein die mathematischen Disziplinen und . . . nur sie beweisen aus Gründen. Daraus gewinne ich das Unterscheidungsmerkmal für die anderen, die nichtwissenschaftliche Kenntnisse darstellen, die jedoch entweder sicher sind kraft unbezweifelter Anzeichen, oder möglich sind aufgrund guter Schlußfolgerungen, oder wahrscheinlich sind kraft überzeugender Konjekturen. Das Kriterium der klaren und deutlichen Perzeption versichert mich nicht der wissenschaftlichen Erkenntnis, denn, wird es in der Physik angewandt . . ., so vermittelt es mir keine Wahrheit von der gleichen Beweiskraft wie in der Mathematik. Das Kriterium erst, daß hervorgebracht wird, was erkannt wird, gibt mir das Unterscheidungsmerkmal an die Hand, denn in den mathematischen Disziplinen erkenne ich das Wahre, indem ich es hervorbringe. In der Physik und in den anderen Disziplinen liegt der Sachverhalt jedoch anders." [228]

Dies ist der Begriff von Wissenschaft, den der *Liber metaphysicus* gleich zu Beginn zugrundelegt. Wissenschaft versteht sich als Analyse der Genesis der Gegenstände aus der Produktivität der mens: *". . . scientia sit cognitio generis, seu modi, quo res fiat, et qua, dum mens cognoscit modum, quia elementa componit, rem faciat."* [229] Solche Wissenschaft verbleibt auf der planen logischen Ebene der mathematischen Gebilde und der *entia rationis,* ist rein rationale Diskursivität, und Vico tendiert dahin, wie die zuletzt zitierten Passagen zeigen, den Begriff wissenschaftlichen Erkennens im strengen Sinne überhaupt für diesen Bereich zu reservieren. Hier gilt die *"mens",* der Intellekt, als Ursprung (*origo*) des Apriori, der Wahrheit stiftet, und hier zeigt sich eben auch, wie der Geist denkt, nämlich so, daß er alles aus sich selbst schafft, d. h., daß alles Geschaffene in diskursiver Weise wiederum nur er selbst ist. Hier liegen keine theologischen Voraussetzungen, wie K. Löwith meinte [230]; das ist Analyse des endlichen Bewußtseins und seiner Erkenntnisvollzüge. Vicos Beschränkung des Bereiches "wissenschaftlichen" Erkennens auf das Gebiet der Mathematik wird einsichtig, wenn man sie auf dem Hintergrund des Gedankens der *praecisa veritas* versteht, der in den Erkenntnisanalysen des *Liber metaphysicus* immer anwesend ist. Zugleich weisen diese Überlegungen wieder auf Cusanus zurück, bei dem sie bereits in genauer Entsprechung vorliegen.[231]

---

[228] Sec. Risp. (1712); Opere I, 258.
[229] Liber met., Opere I, 131.
[230] Vgl. *K. Löwith,* Vicos Grundsatz: verum et factum convertuntur. Seine theologische Prämisse und deren säkulare Konsequenzen. Heidelberg 1968, 10.
[231] *Cusanus,* De possest; Philosophisch-Theologische Schriften II, ed. c. Gabriel, Wien 1966, 319 f.

DRITTES KAPITEL
METAPHYSIK DES GEISTES

I. Der systematische Kerngedanke in der "Neuen Wissenschaft"

"Es ist das Geschäft des Philosophierens gegen den Verstand, zu zeigen, daß das Wahre, die Idee nicht in leeren Allgemeinheiten besteht, sondern in einem Allgemeinen, das in sich selbst das Besondere, das Bestimmte ist. Ist das Wahre abstrakt, so ist es unwahr. Die gesunde Menschenvernunft geht auf das Konkrete. Erst die Reflexion des Verstandes ist abstrakte Theorie, unwahr, nur im Kopfe richtig, — auch unter anderem nicht praktisch. Die Philosophie ist dem Abstrakten am feindlichsten, führt zum Konkreten zurück." [232] In diesen Worten Hegels findet sich sowohl Vicos Gegenposition zum Cartesianismus unübertrefflich charakterisiert, als auch der Denkentwurf in seiner Intention beschrieben, der der "Neuen Wissenschaft" Vicos zugrundeliegt. Vittorio Mathieu, der diesen Entwurf in einem aufschlußreichen Aufsatz als "Platonismus der Geschichte" bezeichnet [233] und eingehend dessen theoretische Grundlegung in der "Metaphysik" Vicos von 1710 untersucht, stellt das Kernproblem heraus, das im Zentrum dieses originären Entwurfs einer philosophischen Theorie der Geschichte steht: Sollen die Geschehnisse und die handelnden Individuen der geschichtlichen Welt in ihrer Einmaligkeit und in ihrer Unwiederholbarkeit überhaupt in einer philosophischen Theorie erfaßt werden können, so bedarf dies als Voraussetzung der Konzeption einer Idee, die zugleich individuell, eines Allgemeinen, das zugleich konkret zu denken ist. [234]

Dies ist in der Tat das Kernproblem der "Neuen Wissenschaft", und Vico selbst spricht wiederholt von den ungeheuren Schwierigkeiten einer mehr als zwanzigjährigen Forschungsarbeit, die es ihn gekostet habe, diese Problematik aufzulösen. [235] Die Lösung selbst sieht er in seiner Theorie der "poetischen Charaktere" bzw. "*universalia phantastica*", und diese Theorie bezeichnet er selbst als den Hauptschlüssel zum Verständnis des ganzen Werkes. Vico ist sich darüber

---

[232] *Hegel*, Vorlesungen über die Geschichte der Philosophie *E*; Werke, ed. E. Moldenauer / K. M. Michesl, Frankfurt 1971; Bd. 18, 43.
[233] *Mathieu, V.*, Vico Neoplatonico, in: Campanella e Vico, Archivio Di Filosofia, Padova 1969 (97–108), 98.
[234] *Mathieu, V.*, ebd.: "é chiaro che solo universale individuale e non generico permette di pensare un platonismo della storia, perché per questo occorre che l'universale si lasci riconoscere nei fatti e negli individui irrepetibili della storia umana, e vi manifesti una sorta di rivelazione dell'eterno."
[235] Vgl. Scienza Nuova Sec. (1744) I, 4; Opere IV–I, 123.

im Klaren, welche Widerstände der formallogisch unmögliche Begriff eines konkreten Allgemeinen bei seinen Zeitgenossen provozieren mußte, und er warnt denn auch vorsorglich den Leser, mit der Lektüre lieber gar nicht erst zu beginnen, wenn er nicht wirklich auf neue Erkenntnisse begierig sei und wenn er nicht unterstützt werde durch eine unbesiegte Metaphysik (metafisica invitta), die das Licht der reinen Vernunft (pura ragione) nicht durch die Nebel von Vorurteilen verdunkle: ". . . Diese Entdeckung, welche den Hauptschlüssel dieser Wissenschaft darstellt, hat die beharrliche Forschung unseres ganzen wissenschaftlichen Lebens gekostet; und als sie schließlich gemacht war, hat sie uns die Prinzipien dieser Wissenschaft an die Hand gegeben. Wir sagen es Dir hier, Leser, um Dich auf die großen Schwierigkeiten hinzuweisen, die Dir begegnen werden, wenn Du diese Prinzipien verstehen willst; sie sind genommen von jener Art des Denkens mit Hilfe von poetischen Charakteren, die wir uns heute unmöglich noch vorstellen können. Wenn Du also nicht begierig bist, diese Bücher zu lesen, wenn Du nicht neue Wahrheiten begreifen willst oder wenigstens neugierig bist, neue Sachverhalte kennenzulernen, — und wenn Du nicht unterstützt wirst durch eine unbesiegte Metaphysik, die nicht das Licht der reinen Vernunft verdunkelt durch die Nebel von Vorurteilen . . . so lasse es lieber von Anfang an bleiben, sie zu lesen, denn von hier aus nehmen sie ihren Ausgang. Diese Charaktere sind, wie sich erweist, phantastische Allgemeinbegriffe gewesen." [236]

Um diese "generi fantastici", dieses "konkrete Allgemeine" denken zu können, fordert Vico den Leser eindringlich auf, sich in einen Zustand der höchsten Unwissenheit zu versetzen (ridurci in uno stato di una somma ignoranza di tutta l'umana e divina erudizione) [237] und verlangt von ihm, sich von allem Körperlichen und von all dem, was sich von diesem auf unseren reinen Geist auswirkt, zu reinigen, und ebenso für eine Weile Phantasie und Gedächtnis einzuschläfern. Denn solange diese Vermögen wach seien, könne sich der Geist nicht in den Zustand reiner Einsicht, frei von jeder besonderen Form zurückziehen (ridursi in istato d'un puro intendimento informe d'ogni forma particolare) und dann könne er auch diese Wissenschaft nicht verstehen.[238] Die Intention, die sich in solcher Sprache bekundet, ist klar: es geht darum, die Ebene des Verstandes, der auf der Distinktheit seiner Termini bestehen muß, zugunsten eines Koinzidenzdenkens zu übersteigen, das allein zusammenhalten kann, was der Verstand in Gegensätzen auseinanderhalten muß, will er sich nicht selbst aufheben. Einsichtig ist auch die Schlüsselfunktion, die der Idee eines konkreten Allgemeinen im architektonischen Aufbau des Denkentwurfs der Scienza Nuova

---

[236] Opere IV–II, 171.
[237] Scienza Nuova Prima XI, Opere III, 29.
[238] Brani delle Redazioni del 1730/31/33; Opere IV–II, 173: . . . ti é bisogno, nel leggerla, di spogliarti d'ogni corpolenza e di tutto ció che da quella alla nostra pura mente proviene, e quindi per un poco addormentare la fantasia e sopir la memoria. Perché, se queste facultá vi son deste, la mente non puó ridursi in istato d'un puro intendimento informe d'ogni forma particolare; per lo che non potravvi affatto indurvisi la forma di questa Scienza . . .

zukommt. Sie bildet die Brücke, über die Philosophie und Geschichte überhaupt erst vermittelt werden können und ohne die eine philosophische Theorie der Geschichte auch gar nicht zu denken ist, es sei denn, man läßt Geschichte gänzlich im Allgemeinen verschwinden, wie Croce Vico interpretiert hat.[239] Es ist für Croces Deutung charakteristisch, daß ihm aus seiner Sicht gerade der systematische Angelpunkt der vicoschen Geschichtstheorie, die Konzeption eines konkreten Allgemeinen, die in der Rede von den *universalia phantastica* steckt, als ein Grundfehler erscheinen muß, der in der Struktur der "Neuen Wissenschaft" angelegt sei und der darin besteht, daß Vico die Philosophie des Geistes, auf die es Croce ankommt, nicht rein für sich darstelle, sondern immer mit empirischer Wissenschaft und mit Geschichte vermenge.[240] Das universale fantastico, nach Croce "eine Art Zwischending zwischen individualisierender Intuition und verallgemeinerndem Begriff" vereinigt für ihn denn auch einen doppelten Widerspruch, "denn mit dem phantastischen Element müßte in jedem geistigen Gebilde das Element der Universalität verbunden sein, das für sich genommen ein wahres und eigentliches, der Vernunft, nicht der Phantasie entsprungenes Allgemeines wäre; hieraus ergibt sich eine petitio principii, in der die Genesis der vernunftentsprungenen Universalien, die erklärt werden müßte, zur Voraussetzung wird." [241]

Solcher Widerspruch entsteht freilich genau dann, wenn man, wie Croce, in der Interpretation wieder rückgängig macht, was doch gerade Vicos Leistung in der Begründung einer philosophischen Theorie der Geschichte war, d. h., wenn man wieder in Gegensätze zerlegt, was Vico zusammenzudenken versucht: Phantasie und Vernunft in dem Begriff der konkreten Vernunft, eines konkreten Allgemeinen, denn nur konkrete Vernunft kann in gesellschaftlichen Institutionen, in Mythenbildung, Sprachschöpfung, Kunst, Architektur und Wissenschaft jene konkrete Mannigfaltigkeit des "mondo civile" hervorbringen, für dessen Erkenntnis Vico hier die systematischen Voraussetzungen schaffen will. Deshalb gerade sind für Vico die "caratteri poetici" bzw. "universali fantastici" nicht nur poetisch Wahres, sondern, recht bedacht, metaphysisch Wahres, d. h., in Phantasieschöpfung sich äußernde Vernunft: "Talché, se bene vi si rifletta, il vero poetico é un vero metafisico." [242] Nur so, und dies ist das eigentliche Ergebnis dieser Überlegungen, kann das geschichtliche "*factum*", d. h. ein an sich bereits Wahres, in der philosophischen Reflexion als Wahres an und für sich erschlossen werden. Dies ist das "Licht", das die Neue Wissenschaft in jene "dunkle Nacht voll Schatten" trägt, die sonst die geschichtliche Welt vor unseren Augen bedeckt, und es ist ein Licht, welches das geschichtliche "*factum*" noch vor dem manipulativen Zugriff bewahrt, mit dem sich nach Vico die aufklärerischen Geschichtskonstrukteure seiner bemächtigt haben.

---

239 Vgl. *Croce, B.*, Die Philosophie G. B. Vicos, op. cit. 25.
240 Ebd. 33 f.
241 Ebd. 50.
242 Scienza Nuova Sec. (1744) Element XLVII; Opere IV–I, 90.

II. Die theoretische Grundlegung im *Liber metaphysicus*

Es ist das Verdienst Vittorio Mathieus, im einzelnen nachgewiesen zu haben, daß die theoretische Grundlegung der Konzeption eines konkreten Allgemeinen, auf der der Entwurf der "Scienza Nuova" aufruht, von Vico in der "Metaphysik" von 1710 geleistet wird.

Im zweiten Kapitel des *Liber metaphysicus*: *De Generibus Sive De Ideis*, geht es Vico durchgehend darum, den aristotelischen Begriff eines abstrakten Allgemeinen zugunsten eines Formverständnisses zu überwinden, das er wohl als genuin platonisch versteht und im platonischen "Parmenides" angelegt sieht,[243] das aber bei ihm wie bei den meisten Renaissancephilosophen eher auf neuplatonische Quellen zurückzuführen sein wird und im Fall Vicos seine Wurzeln wohl bei Plotin hat, wie Mathieu darlegt.[244]

Diese Intention Vicos kommt bereits in den ersten Sätzen des Kapitels deutlich zum Ausdruck: "Wenn die Lateiner Gattung (*genus*) sagen, verstehen sie darunter Form (*forma*); unter *Species* verstehen sie zweierlei: sowohl das, was die Scholastiker *"individuum"*, als auch was sie *"simulacrum"* oder Erscheinung (*apparenza*) nennen. Was die Gattungen (*genera*) betrifft, so sind alle Richtungen der Philosophen der Meinung, daß sie unendlich sind. Daraus ergibt sich notwendig, daß die alten Philosophen Italiens der Meinung waren, die Gattungen (*genera*) seien Formen (*formae*), die nicht nach ihrem Umfang (*non amplitudine*), sondern nach ihrer Vollkommenheit (*perfectione*) unendlich (*infinita*) seien, und weil unendlich, seien sie allein in Gott; die *species* jedoch oder die Einzeldinge (*res peculiares*) seien Abbilder (*simulacra*), die in Hinsicht auf diese Formen gebildet seien (*ad eas formas expressa*). Und wenn nun für die alten Philosophen Italiens das Wahre das Gleiche war wie das Gemachte (*verum idem quod factum*), so folgt notwendig, daß die Gattungen (*genera*) der Dinge nicht die Allgemeinbegriffe (*universalia*) der Scholastiker, sondern Formen gewesen sind."[245]

Der Grundgedanke dieses entscheidenden Abschnitts, den Vico wie immer im *Liber metaphysicus* in ethymologischer Einkleidung präsentiert, ist klar: es geht Vico darum, den bloßen Verstandesbegriff des Allgemeinen, das *"universale"* der aristotelischen Wissenschaftstradition, das wir abstraktiv bilden, indem wir die spezifischen Merkmale der Einzeldinge fallen lassen, zu ersetzen durch ein Verständnis des Allgemeinen, das das Seiende als solches zu begründen vermag. Es ist wieder der Gedanke der Präzision, der hinter diesen Überlegungen steckt. Die Form ist das, was ein Seiendes zu dem macht, was es ist, ist Bestimmtheit in sich, und sie wird sichtbar in der Formung der Einzeldinge, die insofern Erschei-

---

[243] Vgl. Prima Risp. (1711); Opere I, 209.
[244] V. *Mathieu*, op. cit. 98: "L'idea di Plotino, infatti, é qualcosa di i n d i v i d u a l e : anzi, nella sua realtá indipendente é un individuo vivente e pensante, l'Intelletto, in una delle infinite prospettive in cui esso si specifica al proprio interno.
[245] Liber met. II; Opere I, 143/44.

nungen der Form genannt werden, weil sie als Geformte durch die Form begründet sind. Absolute Bestimmtheit — und dies meint Unendlichkeit im vorliegenden Text — heißt das Aufgehen bzw. Zusammenfallen aller Form in Gott als dem absoluten Grund aller Bestimmtheit, alles Formseins selbst. In der Nachfolge des Cusaners [246] und in Absetzung von der mittelalterlichen Seinsmetaphysik mit ihren statisch vermittelnden Zwischengliedern gelangt Vico so zur Formulierung eines dynamisch-funktionalen Formbegriffes Gott ist *"primum verum"* weil *"primus Factor"*, er ist das *"infinitum verum"* weil *"omnium Factor"*, Grund, der das Seiende zu dem macht, was es ist und als Grund aller Bestimmtheit zugleich die Negation aller Bestimmtheit, d. h. Freiheit und Allmacht bzw. reine Subjektivität, *"summum Numen"*: "Deorum voluntatem dixere 'numen', quasi Deus Opt. Max. suam voluntatem facto ipso significet... Divina enim bonitas, volendo res, quas vult, facit et tanta facilitate facit, ut eae ex se ipsis existere videantur." [247]

Die scheinbare Autarkie des Seienden, von der natürlichen Einstellung als gegeben hingenommen und behauptet, entpuppt sich in ihrer Scheinhaftigkeit, sobald der Geist sich aus seiner Selbstvergessenheit und Verlorenheit an die Dinge für sich selbst zurückgewinnt. Erkenntnis meint dann nicht Abstraktion, nicht nachträgliches Abnehmen der Formen von irgendwelchen dem Denken selbst vorausliegenden "Dingen". Nicht *Dinghaftigkeit* steht hier in Frage, sondern *Gegenständlichkeit* und der Erkenntnisprozeß selbst entbirgt so zugleich den Konstitutionsprozeß der Gegenstände des Denkens. Die Formen in ihrer absoluten Bestimmtheit finden sich allein in Gott, aber sie finden sich auch im menschlichen Geist, nämlich als die allen aktualen Erkenntnisvollzügen immer bereits vorausliegenden Strukturgesetze des Denkens selbst, oder, wie Mathieu deutet, als "Urbilder, die der menschliche Intellekt in sich enthält. Er enthält sie freilich nicht in gleicher Weise wie der göttliche Intellekt, der sie hervorbringt und zugleich erkennt, ohne sie wie wir *denken* zu müssen. Menschliches Erkennen bleibt immer im Äußeren, jedoch es vollzieht sich anhand und gemäß jener Urbilder, die es nicht in aktualer, sondern nur in virtueller Weise besitzt." [248] In diesem Sinne der Virtualität, des Bestimmtseins in sich, ist menschlicher Geist selbst *"forma metaphysica"*, selbst *"virtus"*, wie Vico, den dynamischen Aspekt der Form betonend, ihn nennt. Nach außen hin bestimmt er sich in seinen Funktionen, den Vermögen, denn *"Facultas ... ea est, qua virtus in actum deducitur."* Die Vermögen entfalten, was in der Einheit des Geistes komplikativ beschlossen ist. Diese Vermögen sind *sensus, phantasia, memoria, intellectus*, d. h. Vernunft ist konkret in ihren schöpferischen Vollzügen.

Damit aber ist die zentrale und tragende Idee der "Neuen Wissenschaft" zugrundegelegt.

---

[246] Vgl. dazu *Schwarz, W.*, op. cit. 161 für die ähnliche Problematik bei Cusanus.
[247] Liber met. VIII, 2; Opere I, 188; vgl. IV, 1: De Essentiis seu de virtutibus.
[248] *Mathieu, V.*, op. cit. 103.

SCHLUSS

Vico hat sich, wie wir wissen, gerade mit seiner "Neuen Wissenschaft" bei den Zeitgenossen nicht durchzusetzen vermocht. Er blieb fast unbekannt und wurde nahezu vergessen.

Geschichtsmächtig und bestimmend, wenn auch in vielfach abgewandelter Form, wurde das cartesianische Erkenntnismodell, das in den vielfältigen Erfolgen der aufblühenden mathematischen Naturwissenschaften Triumphe zu feiern schien und seither das Tempo und die Reichweite der geschichtlichen Wandlungsprozesse erheblich gesteigert hat. Wenn wir uns heute, angesichts der geschichtlichen Katastrophen unseres Jahrhunderts und angesichts eines zum Selbstzweck tendierenden wissenschaftlichen-technischen Fortschritts, der zunehmend Abhängigkeit statt Freiheit, zunehmend Ohnmacht statt Allmacht produziert, der Fragwürdigkeit und der eigentümlichen Traditionslosigkeit unserer geschichtlichen Existenz bewußt werden, so mag darin auch ein Grund zu finden sein für das wachsende Interesse, das der Philosophie Vicos gerade heute von verschiedensten Seiten und Forschungsgebieten her entgegengebracht wird. "Die Geschichte", so schrieb 1949 der Tübinger Philosoph Gerhard Krüger, "ist heute unser größtes Problem. Sie ist es in dem dreifachen Sinne, daß sie zugleich unser dringendstes, unser umfassendstes und unser schwierigstes Problem ist", und er fügte hinzu, "daß das Denken der Gegenwart für sein größtes Problem keine Lösung und nicht einmal eine sichere Fragestellung hat." [249]

Für die Suche nach einer solchen sicheren Fragestellung, und darin möchten wir die eigentliche Bedeutung jenes unruhigen und grübelnden Geistes erblicken, hat Vico inmitten einer Zeit, die sich gerade der "Last der Geschichte" zu entledigen suchte, die Richtung gewiesen.

---

[249] *Krüger, G.* Die Geschichte im Denken der Gegenwart, in: Große Geschichtsdenker, op. cit. 219–248.

LITERATUR

Amerio, F., Introduzione allo studio di G. B. Vico. Torino 1947.
ders., Sull'interpretazione di Vico, in: Giornale di Metafisica VI/1 (1951) pp. 71–78.
ders., Critici cattolici e critici non cattolici di G. B. Vico, in: Giornale di Metafisica VII/6, (1952) pp. 711–736.
ders., Sulla vichiana dialettica della storia, in: Omaggio a Vico (Collana di Filosofia X) Napoli 1968; pp. 113–140.
Anderle, O. F., Giambattista Vico und die neue Wissenschaft von den Kulturen, in: Atti dell'Academia Nazionale dei Lincei CCCLXVI (1969) 339–355.
Apel, K. O., Die Idee der Sprache in der Tradition des Humanismus von Dante bis Vico. Archiv für Begriffsgeschichte Bd. 8. Bonn 1963.
Auerbach, E., Gesammelte Aufsätze zur romanischen Philologie, Bern/München 1967.
Badaloni, N., Introduzione a G. B. Vico. Milano 1961.
ders., Ideality and Factuality in Vicos Thought, in: Vico in our time. An international Symposium, G. Tagliacozzo / H. V. White (ed.) Baltimore 1969, pp. 391–400.
Belaval, Y., Vico et l'anticartesianisme, in: Les Études Philosophiques XXIII (1968) pp. 311–125.
Bellofiore, L., La dottrina della provvidenza in G. B. Vico. Padova 1962.
Berlin, J., The philosophical ideas of G. B. Vico, in: I. Berlin, Art and Ideas in Eighteenth Century Italy. Roma 1960.
Berry, T., The Historical Theory of Giambattista Vico. Washington 1949.
Blake, R. M. / Ducasse, C. J. / Madden, E. H., Theories of scientific method. The Renaissance through the nineteenth Century. Washington U. P. 1966.
Caponigri, A. R., Time and Idea. The Theory of History in Giambattista Vico. 2. Aufl. London 1968.
ders., Vico and the theory of history, in: Giornale di Metafisica IX (1954) 183–197.
ders., The Nature of History, in: Giornale di Metafisica XVII (1962) 337–380.
Caramella, S., Metafisica vichiana. Palermo 1961.
Cassirer, E., Substanzbegriff und Funktionsbegriff. ³Darmstadt 1969.
ders., Individuum und Kosmos in der Philosophie der Renaissance. Leipzig/Berlin 1927. 2. Aufl. Darmstadt 1963.
ders., Das Erkenntnisproblem in der Philosophie der neueren Zeit. 3 Bde. 3. Aufl. Darmstadt 1971.
Chaix-Ruy, J., Vico et Descartes, in: Archives de Philosophie XXXI (1968) 628–639.
Child, A., Making and knowing in Hobbes, Vico and Dewey, in: University of California, Publications in Philosophy XVI (1953) 271–310.
Corsano, A., G. B. Vico. Bari 1956.
ders., Umanesimo e religione di G. B. Vico. Bari 1935.
Chiocchetti, E., La filosofia di G. B. Vico. Milano 1935.
Croce, B., La filosofia di Giambattista Vico. ⁴Bari 1947. Dt. Von E. Auerbach und Th. Lücke, Tübingen 1927.
ders., Le fonti della gnoseologia vichiana, in: Saggio sullo Hegel, ed. Bari 1967.
ders., Il Vico e l'ortodossia. Il problema logico e il problema psichologico. Appendice zu: G. F. Finetti, Difesa dell'autoritá della Sacra Scrittura contro Giambattista Vico. 1768. B. Croce (ed.) Bari 1936, 111–118.
Dilthey, W., Gesammelte Schriften Bd. VII. Leipzig/Berlin 1927.

Federici, G. L., Il principio animatore della filosofia vichiana. Roma 1947.
Flasch, K., Die Metaphysik des Einen bei Nikolaus von Kues. 1973.
Gentile, G., Studi vichiani. ²Firenze 1927.
Graneris, G., Gnoseologia ed Ontologia in G. B. Vico, in: Rivista di filosofia neo-scolastica XXIII (1931) 115—166.
Grassi, E., Humanismus und Marxismus. Hamburg 1973.
ders., Vom Vorrang des Logos. München 1939.
ders., Verteidigung des individuellen Lebens. Bern 1946.
ders., Critical or Topical Philosophy, in: Vico in our time. An international Symposium. G. Tagliacozzo / H. V. White (ed.) Baltimore 1969, 39—50.
Habermas, J., Theorie und Praxis. ³Neuwied/Berlin 1969.
Hazard, P., La Crise de la Conscience Européenne. 1680—1715. Paris 1935. Dt. Hamburg 1939.
Horkheimer, M., Die Anfänge der bürgerlichen Geschichtsphilosophie. Stuttgart 1930. Hamburg 1971.
Jacobelli-Isoldi, A., G. B. Vico. La vita e le opere. Biblioteca di cultura filosofica XIV. Bologna 1960.
Iannizotto, M., L'empirismo nella gnoseologia di Giambattista Vico. Padova 1968.
Koch, J., Die ars coniecturalis des Nikolaus von Kues. Köln/Opladen 1956.
Kuhn, H., Der Begriff der Prohairesis in der Nikomachischen Ethik, in: Die Gegenwart der Griechen im neueren Denken (= Festschr. F. H. G. Gadamer) Tübingen 1960. 123—140.
Leyden von, W., Seventeenth Century Metaphysics. ²London 1971.
Liebrucks, B., Sprache und Bewußtsein Bd. I. Frankfurt a. M. 1964.
Lifshitz, M., Giambattista Vico, in: Philosophy and Phenomenological Research VIII (1948) 391—414.
Löwith, K., Weltgeschichte und Heilsgeschehen. ⁵Stuttgart 1953.
ders., Vicos Grundsatz: verum et factum convertuntur. Seine theologische Prämisse und deren säkulare Konsequenzen. Heidelberg 1968.
Lukács, G., Die Zerstörung der Vernunft. Werke Bd. 9. Neuwied/Berlin 1962.
Manson, R., The Theory of Knowledge of Giambattista Vico. Hamden/Conn. 1969.
Mathieu, V., Vico neoplatonico, in: Campanella e Vico. Archivio di Filosofia. Padova 1969. 97—108.
ders., Vico e Leibniz, in: Omaggio a Vico. (Collana di Filosofia X) Napoli 1968. 267—301.
Mazlish, B., The Riddle of History. The great speculators from Vico to Freud. New York / London 1966.
Namer, E., La philosophie italienne. Paris 1970.
Nicolini, F., Vico storico, a. c. d. F. Tessitore. Napoli 1967.
Oeing-Hanhoff, L., Ens et verum convertuntur. Stellung und Gehalt des Grundsatzes in der Philosophie des hl. Thomas von Aquin. Münster/Westf. 1953.
Otto, S., Zur Philosophie konkreter und kritischer Subjektivität, in: Phil. Jahrbuch 79 (1972) 362—373.
ders., Zum Desiderat einer Kritik der historischen Vernunft und zur Theorie der Autobiographie, in: Studia humanitatis (= Festschr. f. E. Grassi) E. Hora / E. Keßler (Hrsg.) 1973. 221—235.
ders., Die Kritik der historischen Vernunft innerhalb der Denkfigur des hegelschen Vernunftschlusses. Zur Begründung einer Systemtheorie von Geschichte und Geistesgeschichte, in: Phil. Jahrbuch 81 (1974) 30—49.
ders., Die transzendentalphilosophische Relevanz des Axioms "verum et factum convertuntur", unveröffentlichtes Manuskript.
Paci, E., Ingens sylva. Milano 1949.
ders., Vico, le structuralisme et l'encyclopédie phenomenologique des sciences, in: Les Études Philosophiques XXIII (1968) 407—428.

Parente, A., Il tramonto della logica antica e il problema della storia. Bari 1952.
Perrault, C., Parallél des anciens et des modernes. Paris 1688–97. Neudr. München 1964.
Pons, A., Nature et histoire chez Vico, in: Les Études Philosophiques XVI (1961) 39–53.
Rigault, H., Histoire de la querelle des anciens et des modernes. Paris 1856.
Röd, W., Descartes' Erste Philosophie, in: Kantstudien. Ergänzungsheft 103. Bonn 1971.
Rombach, H., Substanz, System, Struktur. Die Ontologie des Funktionalismus und der philosophische Hintergrund der modernen Wissenschaft. 2 Bde. München 1965/66.
Rossi, G., Vico nei tempi del Vico. Pavia 1900.
Rossi, P., Le sterminate antichitá. Studi vichiani. Pisa 1969.
ders., Lineamenti di storia della critica vichiana, in: I classici italiani nella storia della critica, vol. II. Firenze 1967. 2–41.
Rüfner, V., Ens et verum convertuntur. Factum et verum convertuntur, in: Phil. Jahrbuch LX (1950) 406–436.
Schwarz, W., Das Problem der Seinsvermittlung bei Nikolaus von Cues. Leiden 1970.
Semerari, G., Intorno all'anticartesianismo di Vico, in: Omaggio a Vico. (Collana di Filosofia X) Napoli 1968.
ders., Sulla metafisica di Vico, in: Quaderni Contemporanei II (1969) 37–62.
Spaventa, B., La filosofia italiana nelle sue relazioni con la filosofia europea. Nuova ed. a. c. d. G. Gentile, Bari 1908.
Viechtbauer, H., Giambattista Vico, in: Enzyklopädie "Die Großen der Weltgeschichte" Bd. V. Zürich 1975.
Vismara, S., La storia in S. Agostino e in G. B. Vico, in: Rivista di filosofia neo-scolastica XXIII (1931) 115–166.
Wackerzapp, H., Der Einfluß Meister Eckharts auf die ersten philosophischen Schriften des Nikolaus von Kues (1440–1450). Münster/Westf. 1962.

NAMENSREGISTER

Adorno Th. W. 8
Amerio F. 22 f, 69, 80
Anderle O. F. 80
Apel K. O. 28 f, 65, 71, 80
Aristoteles 44, 56, 68
Arnauld A. 67
Auerbach E. 18, 48, 49, 50, 80
Augustinus 39

Bacon F. 15, 21
Badaloni N. 24
Belaval Y. 80
Bellofiore L. 23, 80
Berlin I. 80
Berry T. 80
Blake R. M. 36, 80

Caponigri A. R. 10, 80
Caramella S. 80
Cassirer E. 7, 70, 80
Chaix-Ruy J. 80
Child A. 80
Chiocchetti E. 23, 80
Collingwood R. C. 18
Corsano A. 29 f, 32, 38 f, 80
Croce B. 9, 17 ff, 25, 28, 31, 40, 46, 48, 69, 75, 80
Cusanus 28, 33, 39 ff, 69, 72, 77

Dante 28
Dilthey W. 7, 53, 80
Descartes 10 ff, 14 f, 21, 24 ff, 28, 30, 34, 45, 48 f, 54 passim, 71
Ducasse C. J. 36, 80

Eckehart 41
Estevan F. S. 11

Federici G. C. 23, 81
Fichte 30
Flasch K. 81

Galilei 35, 55, 71 f
Gentile G. 17, 19, 22, 25, 81

Giacchi P. 11
Graneris G. 23, 81
Grassi E. 15, 25 ff, 28 f, 40, 54, 66, 69, 81

Habermas J. 24, 65, 81
Hazard P. 54, 81
Hegel 17, 18, 73
Hobbes 15
Horkheimer M. 49, 81
Husserl E. 30

Ianizotto M. 81

Jacobelli-Isoldi A. 16, 30, 32, 81

Kant 30, 35, 69 f
Koch J. 41, 81
Krüger G. 78
Kuhn H. 56, 81

Leibniz 61 ff, 68
Leyden von W. 54, 81
Liebrucks B. 29, 81
Lifshitz M. 24, 81
Löwith K. 23 f, 28, 39, 69, 72, 81
Lukács G. 24, 81

Manson R. 81
Marx 24
Mathieu V. 73, 76, 81
Mazlish B. 81

Namer E. 81
Nicolini F.

Oeing-Hanhoff L. 58, 81
Otto S. 30, 52, 81

Paci E. 81
Parente A. 82
Perrault C. 34, 82
Platon 21, 39
Plotin 76
Pons A. 82

Rigault H. 34, 82
Röd W. 15, 82
Rombach H. 47, 82
Rossi G. 29, 82
Rossi P. 82
Rüfner P. 11, 15, 82

Semerari G. 25, 82
Spaventa B. 17 ff, 82
Schwarz W. 41, 43, 69, 77, 82

Thomas von Aquin 36, 45, 58
Toricelli 35

Vismara S. 23, 82
Vitry de P. 11
Vorländer K. 16

Wackerzapp H. 41, 44, 82

Zenon 33

Stephan Otto:
Person und Subsistenz

Die philosophische Anthropologie des Leontios von Byzanz. Ein Beitrag zur spätantiken Geistesgeschichte. 209 S. Ln. DM 58,—.

"Une contribution très neuve à l'interprétation du *Corpus Leontianum*. Le premier est une étude philosophique minutieuse de l'anthropologie de Léonce de Byzance et de Léonce de Jérusalem. L'A. prend une position critique vis-à-vis de Loofs, Richard, Moeller, Reindl. Partant du *Adversus Nestorianos et Eutychianos* de Léonce de Byzance qu'il appelle «écrit de base» et dont il donne la traduction allemande du Ier livre, il refait une analyse de la terminologie à travers les œuvres des deux Léonce et les replace dans leur milieu historique intellectuel: Proclus, le Ps.-Denys et le contexte néoplatonicien, et dans le prolongement de la pensée post-chalcédonienne chez Boèce, Jean Maxence, Jean le Grammairien. L'A. n'identifie pas les deux Léonce, mais il voit Léonce de Jérusalem en étroite dépendance de Léonce de Byzance; c'est la même structure mentale, les mêmes notions fondamentales. Sur la base du dogme de Chalcédoine Léonce a jeté les fondements d'une métaphysique de la «personne» qui embrasse autant l'union des deux *ousies* différentes dans une «subsistence» que l'«être-pour-soi» qui a cette «subsistence» comme contenu."

(Irénikon)